重庆市人民检察院 编

检察案例与
业务指导

JIANCHA ANLI YU YEWU ZHIDAO

第三辑

中国检察出版社

卷首语

　　法律是抽象、教条的，而案件却是具象、多变的，法律只有适用于具体的案件中才能显示其价值与魅力。法律具有一定的稳定性，而案件的形式则随着社会经济的发展而不断变化，每一个案件背后折射出的不仅仅是法律问题，更浓缩了诸多的社会问题。案例研究不仅为广大检察官提升法律素养、准确把握法的精神，提高释法说理、化解纷繁复杂的社会纠纷的能力，以实现社会公平正义提供了一条捷径，同时也为法学界研究法律现象、丰富和完善法学理论提供了样本与素材。这也是我们编辑出版本书的初衷与目的。《检察案例与业务指导》（第三辑）延续了前两辑的风格，从重庆市广大检察官编写的上百件案例中精选出 30 篇具有典型性、指导性和疑难复杂的案例，突出在证据采信、法律适用和规范自由裁量权等方面的参考价值。

　　本辑案例收录刑事案例 23 篇、民事行政案例 7 篇，按照基本案情、意见分歧、评析观点和处理结果的体例编写。所选录的案例，针对办案中的热点、难点问题以及容易发生执法偏差的问题进行了较为深刻的剖析，既展示出检察官的法学底蕴，又体现了检察官们的司法智慧。刑事案例部分，主要集中于常见的盗窃、诈骗等多发性犯罪的既未遂认定、自首情节的认定、侵财性犯罪中此罪与彼罪的界限、职务犯罪主体身份以及非法买卖非上市公司股票、非法破坏计算机信息系统等新型犯罪问题；民事行政案例部分，主要集中于事实劳动关系的认定、技术鉴定结论等证据采信问题、合同效力、善意取得、集体土地补偿费的分配等法律适用问题。

本书也收录了重庆市人民检察院近年的重点课题研究成果，包括《论量刑建议具体运作机制的构建》、《新型受贿犯罪法律适用问题研究》、《刑罚执行监督体制的完善路径》、《职务犯罪案件审查逮捕制度运行现状及完善》。这些课题中有着眼于推进检察改革及立法完善问题的检察理论研究成果，有我市检察工作机制创新研究成果，还有围绕检察工作中出现的新情况、新问题开展的检察实务问题研究，既是对近年来我市检察工作创新的总结与回顾，又是我市检察理论创新的代表成果。

本书是我市检察官在法律监督之路上勇于实践和创新、不懈求索真理和智慧的结晶。望本书能对大家正确理解适用法律、提升检察官的法律素养和业务能力、促进检察工作创新发展有所帮助。

本书编委会

二〇一三年十月

目　录

Catalogue

[民事行政案例]

下　编　检察理论研究前沿

上编　检察业务典型案例

［刑事案例］

1. 张某非法制造爆炸物案
——牵连犯理论在实践中的应用

一、基本案情

被告人张某，男，1971 年出生，无业。

2002 年 3 月 21 日，被告人张某持化名为"陈昊禹"的假身份证入住铜梁县太阳宾馆 403 号房间，图谋在宾馆内安装炸弹敲诈宾馆董事长龙某。3 月 22日，张某利用自带的火炮炸药、玻璃瓶、传呼机、灯泡和打火机汽体罐等制成遥控炸弹一枚，在确信该遥控炸弹可以通过他人拨打传呼机时引起的震动引爆后，将该炸弹放在 403 号房间床下地板上。3 月 28 日，宾馆工作人员在打扫房间时发现该爆炸物，通知公安机关及时进行了排爆处理。3 月 31 日至 4 月 5 日，张某多次打电话给龙某，以知道有人在宾馆内安装了炸弹、自己可以提供炸弹安放位置的信息为由，要龙某向其指定的账户存入现金 1 万元。龙某在张某指定的账户上存入 2000 元后报案。4 月 6 日，公安机关在潼南县宝龙镇将前去取款的张某抓获。经鉴定，张某制造的传呼机装置为一个完整的爆炸装置，该装置在有人呼叫该机号时，能够正常爆炸。

二、意见分歧

本案争议的焦点是对被告人张某行为性质的认定。

第一种意见认为，被告人张某的行为应认定为爆炸罪、敲诈勒索罪。理由是被告人将遥控炸弹放在宾馆地板上就是为了索要钱财，其行为应构成爆炸罪、敲诈勒索罪。

第二种意见认为，被告人张某的行为应认定为爆炸罪、敲诈勒索罪和非法制造爆炸物罪。理由是不能忽略被告人以自制爆炸物并扬言爆炸的方式实施敲诈，所以其涉嫌的罪名除了爆炸罪、敲诈勒索罪，还应包括非法制造爆炸物罪。

三、评析观点

本案中，张某所制造的是一个完整的爆炸装置，根据 2001 年最高人民法院《关于审理非法制造、买卖、运输枪支、弹药、爆炸物等刑事案件具体应用法律若干问题的解释》第 1 条第（5）项，个人或者单位非法制造、买卖、运输、邮寄、储存爆炸装置的，依照《刑法》第 125 条第 1 款的规定，以非法制造、买卖、运输、邮寄、储存枪支、弹药、爆炸物罪定罪处罚。

本案张某的行为应认定为非法制造爆炸物罪，这是基于刑法中的牵连犯理论得出的结论。所谓牵连犯，是指以实施某一犯罪为目的，其方法或结果行为又触犯其他罪名的犯罪形态。牵连犯具有以下几个特征：第一，基于一个最终的犯罪目的；第二，必须具有两个以上的、相对独立的危害行为；第三，数行为必须是触犯了刑法上的不同罪名；第四，数个危害行为之间必须有牵连关系。牵连犯的处罚原则，刑法学界传统的看法是"从一重处断原则"（法律另有规定的除外，如《刑法》第157 条第 2 款等），即在数个不同罪名中，按照刑法所规定的处罚最重的罪名予以认定。

本案中，被告人张某以诈取钱财为最终目的，采取自制炸弹和扬言爆炸的方式，向宾馆业主勒索钱财，其行为同时构成敲诈勒索罪、爆炸罪和非法制造爆炸物罪。通过比较上述罪名的量刑，结合本案的情节，就不难得出本案应以处罚最重的非法制造爆炸物罪定罪处罚的结论。下面逐一进行分析：

根据《刑法》第 274 条，敲诈勒索公私财物，数额较大（当时重庆市以 1500 元为起点）的，处 3 年以下有期徒刑、拘役或者管制；数额巨大（当时重庆市以 15000 元为起点）或者有其他严重情节的，处 3 年以上 10 年以下有期徒刑。本案张某敲诈的数额为 10000 元（其中既遂 2000 元，未遂 8000 元），属数额较大，应在 3 年以下有期徒刑、拘役或者管制之间量刑；同时，根据《刑法》第 114 条，放火、决水、爆炸、投毒或者以其他危险方法……危害公共安全，尚未造成严重后果的，处 3 年以上 10 年以下有期徒刑。

本案张某的行为属爆炸罪的预备阶段，其虽然扬言如不给钱就会引爆炸弹，但事实上并未实施引爆的行为，并且宾馆早已将危险排除，客观上也使得被告人在极端情况下引爆爆炸装置成为不能。对于预备犯，可以比照既遂犯从轻、减轻或者免除处罚。最后，张某于"重庆·铜梁首届温泉旅游节"开幕前夕，在担负重要接待任务的太阳宾馆内制造、安放炸弹进行敲诈，根据《刑法》第 125 条非法制造爆炸物罪的规定，至少应在 3 年以上 10 年以下有期徒刑量刑，且无任何从轻或者减轻处罚情节。相比较而言，非法制造爆炸物罪属重罪，按照牵连犯从一重处断的原则，应以非法制造爆炸物罪予以认定。

四、处理结果

重庆市铜梁县人民法院一审以敲诈勒索罪，判处被告人张某有期徒刑 1 年。重庆市铜梁县人民检察院以定性错误、量刑畸轻为由提起抗诉，上级检察院支持了县检察院的抗诉理由。重庆市第一中级人民法院作出发回原审法院重审的裁定。重庆市铜梁县人民法院以张某犯非法制造爆炸物罪，判处有期徒刑 3 年 6 个月。

（重庆市铜梁县人民检察院　李涪燕）

2. 冯某交通肇事案

——逃逸情节对交通事故责任认定的影响

一、基本案情

被不起诉人冯某，男，1967年出生，无业。

2010年3月8日18时许，冯某驾驶的两轮摩托车由重庆市沙坪坝区青木关镇往重庆市北碚区方向直行，当行驶至沙坪坝区凤凰镇政府大门右边三岔路口时，与从凤凰镇政府大门驶来的张某驾驶的两轮摩托车相撞，致张某摩托车上的搭乘人张某某受伤，后经鉴定，被害人张某某受伤程度为重伤。事故发生后，青木关镇交巡警到现场了解情况，发现该案应属凤凰镇派出所管辖，遂指示冯某在现场等待凤凰镇派出所民警，之后青木关镇交巡警离开。冯某在交巡警走后未等凤凰镇民警而自行离开现场。2011年5月3日下午17时许，民警在重庆市沙坪坝区凤凰镇某餐馆将冯某抓获，并对冯某以交通肇事罪提请起诉。

本案中，交通部门出具的交通事故责任认定书认定：冯某和被害方驾驶人张某在发生事故时皆未取得机动车驾驶证，都未配戴安全头盔，双方摩托车都为无证车辆。且张某在事故发生时未遵循《中华人民共和国道路交通安全法实施条例》（以下简称《交通法实施条例》）第52条第3项"转变灯机动车让直行车先行"之规定。而冯某在发生交通事故后，未立即停车保护现场，未向相关部门报告，构成交通事故后逃逸。因此，该事故系冯某和张某双方过错行为造成，依据《交通法实施条例》第92条第1款之规定，"发生交通事故后当事人逃逸的，逃逸的当事人承担全部责任。但是，有证据证明对方当事人也有过错的，可以减轻责任"。因此，冯某承担道路交通事故的主要责任，张某承担次要责任。

二、意见分歧

本案经讨论，出现了以下两种不同的意见。

第一种意见认为，本案冯某构成交通肇事罪。冯某无证驾驶，有交通违章行为在先，且在事故发生后，未依照交警指示在现场等候民警，而是擅自离开现场，构成逃逸。由此两点，可以认定冯某对交通事故的发生负有主要责任，同时该事故造成被害人张某某一人重伤，因此，冯某构成交通肇事罪。

第二种意见认为，本案冯某不构成犯罪。本案中冯某是在交警到现场了解情况后才离去，虽然没有遵从指示等待民警到来，但冯某并没有逃避法律追究或毁灭证据的主观目的，因此不构成交通事故逃逸。本案经现场勘查可以认定交通故事的造成主要系张某未遵循转弯让直行的交通规则，理应由张某承担交通事故的主要责任。因此，本案不能适用《交通法实施条例》第92条第1款关于逃逸方应负主要或全部责任的规定。因此，冯某不构成犯罪。

三、评析观点

本案争议点是对冯某交通事故责任应如何认定，即冯某在等待凤凰镇民警过程中擅自离开现场是否构成交通事故后逃逸，而在现场勘查能够还原事故发生过程的情况下，应否依据《交通法实施条例》第92条第1款的规定认定冯某对交通事故承担主要责任。

笔者同意上述第二种意见，冯某不对交通事故承担主要责任，因此不构成犯罪。理由如下：

（一）冯某不具有逃避法律追究的主观目的，不构成交通事故后逃逸

本案冯某在等青木关镇交警到现场了解情况后，没有遵从其指示，在等待凤凰镇民警过程中擅自离开。但是，这一"离开"不构成交通事

故后逃逸。

交通事故后逃逸要求行为人必须持逃避法律追究的主观目的。我国道路交通法规没有明确规定交通事故逃逸的含义，但最高人民法院《关于审理交通肇事刑事案件具体应用法律若干问题的解释》第 3 条规定，交通运输肇事后逃逸是指行为人具有该解释第 2 条第 1 款规定和第 2 款第（1）至（5）项规定的情形之一，在发生交通事故后，为逃避法律追究而逃跑的行为。可见，交通事故后逃逸应有"为逃避法律追究"的主观要素。

本案中，冯某主动等待青木关镇交巡警到事故现场并接受询问，这表明冯某没有逃避法律追究的主观目的。而之后没有等待凤凰镇民警擅自离开虽对交通事故的处理造成一定影响，但不能仅以此认定冯某"逃避法律追究"。本案中，冯某看到是对方违背交通规则才造成事故发生，以为自己不会有什么责任，因此擅自离去。故本案冯某不构成交通事故后逃逸。因此，本案不能适用《交通法实施条例》第 92 条第 1 款关于逃逸方应负主要或全部责任的规定来认定冯某对交通事故的发生负主要责任。

（二）在现场勘查结论足以证明交通事故责任分担时，不应再推定冯某对交通事故承担主要责任

在本案中，即便冯某构成交通事故的逃逸，也不能仅因"逃逸"而推定冯某对交通事故承担主要责任，因为现场勘查结论已经足以证明是张某而非冯某对交通事故的发生负主要责任。

1. 交通事故责任认定应以事实证据为准

从广义上讲，"以事实为根据，以法律为准绳"并不独是刑事法律特有的原则，任何法律法规甚或没有法律效力的一般规章制度都应当依据事实作为认定责任的基础，只有在证据不足无法认定事实时才能够适用推定的方法认定责任。交通事故责任认定也应遵循此原则。为此，我国《道路交通安全法》第 73 条规定，"公安机关交通管理部门应当根据交通事故现场勘验、检查、调查情况和有关的检验、鉴定结论，及时制作交通事故认定书，作为处理交通事故的证据"。这里明确了现场证据是认定交通事故责任的首要依据。公安部《道路交通事故程序处理规定》第 46 条规定，"公安机关交通管理部门应当根据当事人的行为对发

生道路交通事故所起的作用以及过错的严重程度，确定当事人的责任"。这条规定也重申了事实证据是认定责任的首要依据。即便第一种观点引用的《交通法实施条例》，其第91条也规定，"公安机关交通管理部门应当根据交通事故当事人的行为对发生交通事故所起的作用以及过错的严重程度，确定当事人的责任"。可见，我国道路交通相关的法律法规中，始终贯穿着以事实证据为依据认定责任的法律原则。

2. 《交通法实施条例》规定的是推定责任

在司法实践中，并不是每起纠纷都可以收集到足够的证据来认定。因此，我国法律也有诸多关于推定责任的规定。如2011年9月14日公安部针对醉驾行为出台的《关于公安机关办理醉酒驾驶机动车犯罪案件的指导意见》第8条规定，"当事人被查获后，为逃避法律追究，在呼气酒精测试或者提取血样前又饮酒，经检验其血液酒精含量达到醉酒驾驶机动车标准的，应当立案侦查"。这就是在现有证据不足以查明案发时事实的情况下采取的一种推定的认定责任的方法。又如我国《民法通则》第126条规定，"建筑物或者其他设施以及建筑物上的搁置物、悬挂物发生倒塌、脱落、坠落造成他人损害的，它的所有人或者管理人应当承担民事责任，但能够证明自己没有过错的除外"。这也是一种推定的责任的认定。而第一种观点所引用的《交通法实施条例》第92条"发生交通事故后当事人逃逸的，逃逸的当事人承担全部责任"，也是一种推定责任的规定，只有在因逃逸造成现有证据无法收集或不能够明确认定责任时才能够适用。

3. 证据责任应当优先于推定责任

但是，也正是因为《交通法实施条例》第92条后半段"有证据证明对方当事人也有过错的，可以减轻责任"这一规定造成了本案的分歧。有观点认为，该条后半段明确了逃逸情况下首先推定逃逸者对交通事故负全责，若有证据证明对方当事人也有过错的，那也只能在推定全责的基础上作减轻处理，全责的减轻依然是主责。事实上，这种观点混淆了证据责任和推定责任的效力问题，证据责任是有充足证据足以认定事实下作出的责任判断，其效力应当优先于推定责任。如上文引用《民法通则》第126条中明确规定"但能够证明自己没有过错的除外"。事实上，肇事后逃逸的行为有可能造成证据缺失，但也有可能仍然能够收集到足够证据来认定责任。在前种情况下，可以依据《交通法实施条例》第92条推定逃逸方负全责；在后种情况下，应当依据证据明确逃逸方的责任。对于《交通法实施条例》第92条规定的"有证据证明对方当事人也有过错的，可以减轻责任"应当理解为有证据证明对方当事人有过错，但现有证据依然无法明确双方责任时，应适当减轻逃逸方责任。

综上，本案冯某不构成交通事故后逃逸，而且现场勘查结论足以证明是张某而不是冯某承担交通事故主要责任。对于交通事故承担次要责任的冯某，当然不构成交通肇事罪。

四、处理结果

本案经重庆市沙坪坝区人民检察院审查，对冯某作出不起诉处理。

（重庆市沙坪坝区人民检察院　张红良）

3. 雷某、吴某涉嫌非法经营案

——非法从事客车营运业务是否构成非法经营罪

一、基本案情

犯罪嫌疑人雷某，女，1964 年出生，系重庆市璧山县 DF 会议服务有限公司法人；吴某，男，1965 年出生，系重庆市璧山县 DF 会议服务有限公司股东。

2007 年 10 月，犯罪嫌疑人雷某、吴某注册成立璧山县 DF 会议服务有限公司（以下简称会议服务公司），经营范围是会议服务、销售旅游纪念品，无营运客车经营资格，雷某为会议服务公司的法人代表。雷某、吴某在成立和经营会议服务公司的过程中，购买了两辆达到营运年限后转为非营运性质车辆的下线客车从事包车客运经营活动，先后为某缸盖制造有限公司等单位和个人提供租车服务，同时，以会议服务公司名义为曾某等 11 人的非营运客车提供挂靠服务，并为其从事营运活动介绍业务，协助其与一些企事业单位签订包车服务合同，为交通车账款支付结算提供方便，从而通过收取挂靠费等方式非法获利。

自 2007 年至 2011 年 4 月，犯罪嫌疑人雷某、吴某经营的会议服务公司通过为 17 余辆客车提供挂靠、收取挂靠费等方式获利 5 万余元，公司名下的客车提供的包车客运服务经营收入 180 余万元。

二、意见分歧

关于本案如何定性，存在两种意见分歧：

第一种意见认为，雷某、吴某违反国家规定，将没有营运资格的客车从事营运经营，非法经营数额达到180余万元，扰乱了市场秩序，情节严重，涉嫌非法经营罪；

第二种意见认为，雷某、吴某仅是提供包车客运服务，对当地的客车营运市场经营秩序影响不大，情节较为轻微，未达到扰乱社会主义经济秩序的程度，因此不构成犯罪。

三、评析观点

《刑法》第225条以列举的方式对非法经营罪状作了较为具体的规定。非法经营行为包括：其一，未经许可经营法律、行政法规规定的专营、专卖物品或者其他限制买卖的物品；其二，买卖进出口许可证、进出口原产地证明以及其他法律、行政法规规定的经营许可证或者批准文件；其三，未经国家有关主管部门批准，非法经营证券、期货或者保险业务；其四，其他严重扰乱市场秩序的非法经营行为。其中，难以认定的是"其他严重扰乱市场秩序的非法经营行为"，这一项作为兜底条款，在刑法理论上称为堵截构成要件。但它在发挥堵塞、拦截犯罪人逃漏法网功能的同时，同样存在被滥用的危险。因此，对于"其他严重扰乱市场秩序的非法经营行为"，我们应当遵循罪刑法定的原则进行严格解释。一般应当具备以下要件：一是行为发生在经营活动过程中，即是指以营利为目的经济活动。二是行为违反国家规定。本罪客观行为的行政违法性是刑事违法性的前提，没有行政违法性不可能存在刑事违法性。法律、法规未禁止或限制的行为，不得认定为非法经营行为。三是扰乱市场秩序情节严重。该行为必须与《刑法》第225条明文规定的非法经营行为的社会危害程度相当或更重，达到必须动用刑罚才能有效制裁的程度。"情节严重"是从量的规定性对非法经营行为的罪与非罪的界分，也是区别非法经营罪和一般非法经营行为的关键。目前，按全国人大常委会的规定、最高人民法院的司法解释及国务院的规定，"其他严重扰乱市场秩序的非法经营行为"包括传销或变相传销行为，在国家规定的交易场所以外非法买卖外汇或介绍非法买卖外汇或代理骗购外汇，没有相应资质而从事出版、印刷、发行活动，擅自经营国际电信业务或涉港澳台电信业务等 9 类。除此之外的其他严重扰乱市场秩序的非法经营行为，因不破坏罪刑法定原则和刑法谦抑性原则，不宜以本罪论处。

本案中，雷某、吴某的行为违反了行政法规，属非法经营行为：

一是其本人购买非营运大型客车（已下线的二手客车）从事营运经营活动，非法获利。根据《中华人民共和国道路运输条例》的规定，从事道路运输经营以及道路运输相关业务的，应当依照规定道路运输管理机构提出申请，道路运输管理机构予以许可的，向申请人颁发道路运输经营许可证，并向申请人投入运输的车辆配发车辆营运证。雷某、吴某购买两辆大型客车，用客车运送旅客、为社会公众提供服务，是具有商业性质的道路客运活动，并未向道路运输管理机构提出申请，没有车辆营运证，不具备车辆营运资质。根据《道路旅客运输及客运站管理规定》，申请从事道路客运经营的，应当具有与其经营业务相适应并经检测合格的客车，客车技术性能符合国家标准《营运车辆综合性能要求和检验方法》的要求。雷某、吴某从事非法营运的大型客车是其购买的是已达到营运客车使用年限，根据国家规定属于不再符合"营运车辆综合性能要求"的下线客车。

二是成立有限责任公司，为其他非营运大型客车从事营运经营活动提供挂靠、介绍业务服务，非法获利。《道路旅客运输及客运站管理规定》第 5 条规定，国家实行道路客运企业等级评定制度和质量信誉考核制度，鼓励道路客运经营者实行规模化、集约化、公司化经营，禁止挂靠经营。雷某、吴某成立有限责任公司，专门为曾某等 11 人从事非法营运活动提供挂靠服务，违反了《道路旅客运输及客运站管理规定》的规定。

本案中，雷某、吴某的行为属于"非法经营"行为，但是其并不属于全国人大常委会、国务院及最高人民法院规定的 9 类行为，故不属于《刑法》第 225 条第 4 项中规定的"其他严重扰乱市场秩序的非法经营行为"的情形。"其他严重扰乱市场秩序的非法经营行为"是针对现实生活中非法经营犯罪活动的复杂性和多样性所作的概括性规定，应当具备以下条件：第一，非法经营行为是否形成了规模型经营。第二，非法经营行为是否给正常经营活动造成冲击性影响。第三，非法经营行为是否经过行政处罚后未整改仍从事非法经营活动。

本案中，雷某、吴某的非法经营行为未形成规模型经营。雷、吴二人的行为虽然违反了国家规定成立有限责任公司从事非法经营活动，但因为会议服务公司并未组织挂靠的其他大客车的经营，绝大部分收入都没经过公司账目，而是实际车主直接从租车用户处收取。雷某、吴某仅提供名义上的挂靠，并未有统一提供业务、维护车辆、收取业务费用等的规模型经营活动。雷、吴二人的行为虽然对当地的客车营运市场造成一定的影响，但其经营的两辆客车仅给较为固定的某企业单位租来作为交通车使用，用于上下班接送该企业职工，无论是从经营范围来说，还是从服务对象来说，都未达到扰乱社会主义经济秩序的程度。并且雷某、吴某能得到某企业的租车业务，也是因与该企业长期合作过程中形成的较好的私人关系，没有发生欺行霸市的恶劣事件，未造成不良社会影响。除此之外，在经营过程中，吴某自己驾驶车辆，及时安检，并准备另一辆客车作为备用，较好地保证了用车安全，且从未因非法营运受过行政处罚。

综上，我们认为雷某、吴某的行为未严重扰乱市场经济秩序，不属于《刑法》第225条第4项中规定的"其他严重扰乱市场秩序的非法经营行为"的情形，根据刑法的谦抑性原则，对雷、吴二人的行为不宜以犯罪论处，而应由道路运输管理机构处以行政处罚，以营造良好的客车营运经营秩序。

四、处理结果

本案经重庆市璧山县人民检察院审查后，认为雷某、吴某的行为情节轻微不构成犯罪，作出不批准逮捕的决定。

（重庆市璧山县人民检察院　刘海东）

4. 张某、熊某非法经营案

——未经证监会批准代理买卖非上市股票的行为
如何定性

一、基本案情

被告人张某，男，1975 年出生，系重庆某企业经
济发展咨询有限公司经理；熊某，女，1970 年出生，
系重庆某企业经济发展咨询有限公司行政总监。

2003 年 7 月至 2004 年 5 月，重庆某企业经济发展
咨询有限责任公司经理张某与行政总监熊某，超出该
公司"企业管理咨询、产权交易咨询"的经营范围，
在未经国家有关主管部门批准和未取得中国证监会颁
发的《经营证券业务许可证》、《证券投资咨询业务资
格证书》的情况下，擅自以所在公司的名义与未上市
的上海某药业股份有限公司签订股票买卖代理的授权
委托书，并代理买卖该药业公司仍处于限制转让期的
发起人股票共 127.4 万股，收取股款 500 余万元，同
时按 3% 的比例收取咨询费 15 万元。

二、意见分歧

对张某和熊某的行为如何认定，存在两种不同
意见：

第一种意见认为，张某和熊某的行为构成非法经
营罪。理由如下：根据《刑法》第 225 条的规定，认

定张某和熊某构成非法经营罪。

第二种意见认为，张某和熊某的行为是否违反了"国家规定"、是否构成非法经营罪存在认识分歧。理由如下：第一，张某和熊某借公司名义实施了买卖非上市股票的行为，但非上市股票是否属于证券法的调整范围，是否属于特许经营，理论上存在分歧。第二，重庆某企业经济发展咨询有限责任公司经营范围中的"产权交易咨询"的"产权"是否包括非上市股权的内容，理论上也存在认识分歧。

三、评析观点

笔者同意第一种意见，即认定张某和熊某的行为构成非法经营罪。理由如下：

（一）非上市股票属于证券法的调整范围，属于特许经营

证券有广义与狭义两种概念。广义的证券包括商品证券、货币证券和资本证券。商品证券是证明持有人有商品所有权或使用权的凭证，取得了这种证券就等于取得了这种商品的所有权，持有人对这种证券所代表的商品所有权受法律保护。属于商品证券的有提货单、运货单、仓库栈单等。货币证券是指本身能使持有人或第三者取得货币索取权的有价证券。货币证券主要包括两大类：一类是商业证券，主要包括商业汇票和商业本票；另一类是银行证券，主要包括银行汇票、银行本票和支票。资本证券是指由金融投资或与金融投资有直接联系的活动而产生的证券。持有人有一定的收入请求权，它包括股票、债券、基金证券及其衍生品种，如金融期货、可转换证券等。资本证券是证券的主要形式，狭义的证券即指资本证券。各国证券立法对证券的调整范围集中在资本证券。我国《证券法》第2条规定：在中国境内，股票、公司债券和国务院依法认定的其他证券的发行和交易，适用本法；本法未规定的，适用公司法和其他法律、行政法规的规定。政府债券的发行和交易，由法律、行政法规另行规定。可见，我国证券法调整的"证券"属于资本证券，包括股票、公司债券和国务院依法认定的其他证券。据此，我们似乎无法判定"非上市股票"是否属于证券法的调整范围，但我国《证券法》第216条同时规定："证券公司违反规定，未经批准经营非上市证券的交易的，责令改正，没收违法所得，并处以违法所得一倍以上五倍以下的罚款。"由此可见，非上市证券属于证券法的调整范围，且属于特许经营。

非上市股票属于非上市证券的一种，当然亦属于证券法的调整范围，且属于特许经营。

（二）本案中涉案公司经营范围中的产权交易咨询之"产权"不包括非上市股权的内容

该企业经营范围中的"产权交易咨询"系按照工商部门颁发的营业执照核定的经营范围，而我国《证券法》第122条明确规定："设立证券公司，必须经国务院证券监督管理机构审查批准。未经国务院证券监督管理机构批准，任何单位和个人不得经营证券业务。"同时，国务院办公厅《关于严厉打击非法发行股票和非法经营证券业务有关问题的通知》（国办发〔2006〕99号）要求："股票承销、经纪（代理买卖）、证券投资咨询等证券业务由证监会依法批准设立的证券机构经营，未经证监会批准，其他任何机构和个人不得经营证券业务。"由此可见，无论是证券代理买卖还是证券投资咨询，都必须经过证监会批准。重庆某企业经济发展咨询有限责任公司未经证监会批准，未取得中国证监会颁发的《经营证券业务许可证》、《证券投资咨询业务资格证书》，故按照工商部门颁发的营业执照核定的该公司经营范围中的产权交易咨询之"产权"显然不可能包括非上市股权的内容。

（三）张某和熊某的行为完全符合非法经营罪的构成要件

非法经营罪是指违反国家规定，进行非法经营，扰乱市场秩序，情节严重的行为。《刑法》第225条规定的非法经营行为是指扰乱市场秩序，情节严重的以下几种非法经营行为：未经许可经营法律、行政法规规定的专营、专卖物品或者其他限制买卖的物品的；买卖进出口许可证、进出口原产地证明以及其他法律、行政法规规定的经营许可证或者批准文件的；未经国家有关主管部门批准非法经营证券、期货、保险业务的，或者非法从事资金支付结算业务的；其他严重扰乱市场秩序的非法经营行为。

根据上述规定，笔者认为本案中犯罪嫌疑人张某和熊某的行为完全符合非法经营罪的构成要件：

1. 非法经营罪的客体是国家限制经营和特许经营的市场管理制度。本案中张某和熊某违反我国证券法规定，非法经营"非上市股票"买卖业务，不但侵害了被害人的合法权益，同时也严重扰乱了国家对证券市场限制经营和特许经营的管理秩序，符合非法经营罪的客体要件。

2. 张某和熊某具有以非法经营牟利为目的的主观故意。本案中，张某在熊某协助下，在明知该公司未经国家有关主管部门批准，未取得中国证监会颁发的《经营证券业务许可证》、《证券投资咨询业务资格证书》的情况下，非法代理买卖股票牟取暴利，具有明显的犯罪故意和牟利的目的。

3. 行为人在客观上有非法经营行为，且情节特别严重。正如笔者上文所述，非上市股票属于特许经营的范围，本案中张某和熊某在其公司不具备代理买卖非上市股票资质的情况下违反国家规定，非法代理买卖未上市公司仍处于限制转让期的发起人股票共 127.4 万股，收取股款 500余万元，同时按 3% 的比例收取咨询费 15 万元，已构成非法经营，且严重扰乱了国家对公司及证券市场的管理秩序。

4. 本罪的主体是一般主体。关于非法经营罪的主体，有人认为是指经营者，但笔者认为，正所谓"无人不商"，如果将本罪的主体限定为特殊主体，将会使许多没有任何经营许可证的非法行为逃脱惩处；同时，《刑法》第 225 条也未对非法经营罪的主体进行特殊界定。因此，本罪的主体应为一般主体，即年满 16 周岁，具有刑事责任能力、应当承担刑事责任的人。本案中的张某和熊某完全符合非法经营罪的主体要求。

综上所述，笔者认为：根据证券法规定和国务院办公厅《关于严厉打击非法发行股票和非法经营证券业务有关问题的通知》的要求，依照《刑法》第 225 条的规定，应认定张某和熊某构成非法经营罪。

四、处理结果

本案经重庆市渝中区人民法院审理，以非法经营罪，判处张某有期徒刑 7 年，并处罚金 20 万元；以非法经营罪，判处熊某有期徒刑 7 年，并处罚金 20 万元。

（重庆市渝中区人民检察院　朱志荣）

5. 蒋某过失致人死亡案

—— 遗弃、间接故意杀人与过失致人死亡的区别

一、基本案情

被不起诉人蒋某，女，1989年出生，无业。

蒋某初中辍学后在某电脑城打工。打工期间与其男友同居并导致怀孕，后蒋某与男友分手，但并未中止妊娠。2010年7月29日12时左右，蒋某在杨家坪某电影院网吧查询相关胎儿生产信息，感觉腹痛而上厕所，在厕所内下身流血，并自行产下一活体早产婴儿。蒋某遂将婴儿放于厕所垃圾篓内，并清理现场血迹。由于蒋某进卫生间长时间没出来，引起了清洁工的注意，清洁工从地面缝隙看见地面流淌着血，就问其是否需要帮助，并让其打开卫生间门。蒋某拒绝清洁工进入。清洁工离开后，蒋某又继续清理现场。蒋某花了近两个小时将现场清理干净后，到网吧大厅休息。清洁工进入卫生间，见垃圾篓上部有衣物堆放，揭开衣物发现一男婴头朝下倒置于桶内，遂向网吧老板报告，老板拨打了120急救电话。120医生赶到后，婴儿已经死亡。经医生证实，尸体未见外伤，婴儿尚未完全发育，属于早产，早产婴儿在正常分娩情况下存活率很低。经法医学鉴定，该婴儿出生后有一定的存活时间，系窒息死亡。

　　蒋某自称其认为怀孕 8 个月不会生产，当时肚子很痛，下身也在流血，刚蹲下去就感觉婴儿从下身出来了，遂伸手将脐带胎盘一下拉了出来。婴儿刚出生时，呛了两声，类似咳嗽的声音。婴儿出生时脚在便槽内，身体在便槽槽沿边的地上，此时婴儿身体还连着脐带。自己生产时很慌乱，生产后看到婴儿没有动，就被吓住了。由于事出突然，加之被吓住了，自己不知道怎么办才好，只是凭直觉认为不能让任何人知道，把孩子放进垃圾篓就是想把孩子藏起来不让人发现。

　　二、意见分歧

　　审查起诉时，对蒋某将婴儿置放于垃圾篓内致其窒息死亡的行为如何定性产生了分歧意见。主要有三种：

　　第一种意见认为，蒋某的行为构成遗弃罪。婴儿出生后，作为母亲，在当场没有第三人的情境下，蒋某是唯一对婴儿生命安全负有责任的人，应当采取积极措施保护婴儿的生命安全。但蒋某却为了不让他人知道自己产子的事而将婴儿置放于垃圾篓内，属于遗弃行为，且致婴儿死亡，已构成遗弃罪。

　　第二种意见认为，初生婴儿生命力脆弱，蒋某明知将婴儿置放于垃圾篓内会对婴儿产生危害后果而仍将其置放于垃圾篓内，符合刑法"明知自己行为会发生危害后果而放任其结果发生"的放任特征，属于间接故意杀人。应对蒋某涉嫌间接故意杀人起诉。

　　第三种意见认为，蒋某应该预见到将婴儿置放于垃圾篓内会产生危害后果，但由于婴儿早产是突发事件，蒋某在当时并没有预见到可能发生的危害后果，符合刑法"应当预见因为疏忽大意而没有预见"的过失犯罪特征，其行为构成过失致人死亡罪。

　　三、评析观点

　　本案中，蒋某的行为具有社会危害性，构成犯罪是明显的。但构成什么罪，确实值得探讨。

　　（一）蒋某的行为不构成遗弃罪

　　遗弃罪，是指对于年老、年幼、患病或者没有独立生活能力的人，负有扶养义务而拒绝扶养，情节恶劣的行为。根据遗弃罪的构成要件，蒋某是否构成遗弃罪关键在于蒋某将婴儿置放于垃圾篓的行为是否是遗弃罪中遗弃行为。遗弃罪中的遗弃行为，通常表现为不作为，即有义务扶而不扶养。除不作为外，司法实践中，将无独立生存能力的婴儿、老弱病残人员置放于危险场所而不履行救助义务，也可能以积极的作为形式构成遗弃罪。如果仅从行为内容来看，蒋某将婴儿置放于垃圾篓里，是属于将没有独立生存能力的婴儿置于危险处境，与积极作为的遗弃罪犯罪行为相符。但是，遗弃罪是一种故意犯罪，蒋某成立遗弃罪的要件，必须是该蒋某明知自己将婴儿置放于垃圾篓里会使婴儿的生命处于危险状态而故意为之。在蒋某的多次供述中，从未提及到将婴儿置放于垃圾篓是不想抚养孩子，而是怕被人发现自己生了小孩；蒋某在怀孕过程中医生曾劝其将胎儿打掉，是蒋某自己坚持要将胎儿生下来；而且，虽然婴儿被放于垃圾篓里，但蒋某一直就在旁边，没有离开，很难看出蒋某对婴儿有遗弃的意图，案件中的证据没有体现出蒋某主观上有遗弃婴儿的犯罪故意。所以，蒋某在本案中的行为不能被评价为遗弃罪。

（二）蒋某的行为不构成故意（间接）杀人罪

从犯罪构成要件分析，本案中蒋某的行为是否构成故意杀人罪，关键要看蒋某将婴儿置放于垃圾篓，主观上是否明知自己的行为会对婴儿带来危害。

犯罪故意特指明知自己的行为会发生危害结果，希望或者放任这种结果发生，它包括以希望发生危害结果为内容的直接故意和放任危险结果发生的间接故意两种心态。首先，从直接故意看，希望结果发生是犯罪嫌疑人以一种积极的作为方式去追求危害结果发生，通俗地讲，即犯罪嫌疑人事前有一个希望达到的具体目标，知道实现目标的具体方法，并且已实施了能够（犯罪嫌疑人自己认为能够）实现目标的积极作为式的行为。在本案中的蒋某将婴儿置放于垃圾篓内，虽然是一种积极主动的作为，客观上也产生了致婴儿死亡的结果，但无论是证人还是蒋某本人陈述，都没有讲到蒋某将婴儿置放于垃圾篓的目的就是要让婴儿死亡。因此，蒋某在本案里将婴儿置放于垃圾篓里的行为，不能被评价为是蒋某追求婴儿死亡的积极的故意杀人的作为，不能评价为直接故意杀人。其次，从间接故意看，间接故意犯罪是犯罪嫌疑人对危害结果既不希望其发生也不希望其不发生的一种放任心态。蒋某在陈述中多次供述，她当时脑子一片空白，对将婴儿置放于垃圾篓里会发生什么后果，根本就没有考虑，只是想将其藏下，不让其他人知道。在当时没有预见到婴儿

蒋某过失致人死亡案

置放于垃圾篓内会致其死亡的情况下，自然也不存在蒋某对婴儿死亡结果的放任。因此，蒋某将婴儿置放于垃圾篓里的行为，也不能被评价为间接故意杀人行为。

通过上面分析，蒋某在本案中虽有致婴儿死亡的客观行为，但没有证据证明其主观上"已经预见"其行为会导致婴儿死亡，也就是说，没有证据证明其具有直接追求或者放任婴儿死亡的主观故意，因此，蒋某的行为不能被认定为故意杀人罪。

（三）蒋某的行为构成过失致人死亡罪

过失犯罪是指应当预见自己的行为会发生危害社会的结果，因为疏忽大意而没有预见，或者已经预见但轻信能够避免以致发生这种危害结果而构成的犯罪。过失犯罪分疏忽大意的过失犯罪和过于自信的过失犯罪。疏忽大意的过失犯罪，是指犯罪嫌疑人应该预见到自己行为会危害社会的后果，因为疏忽大意而没有预见，以致发生这种结果的责任形式，所以疏忽大意的过失又称为无认识过失。应当预见并不等同于事实上的已经预见，应当预见是犯罪嫌疑人的职责，没有预见是犯罪嫌疑人当时的客观事实，疏忽大意是没有预见的原因。已经预见而放任其结果发生，属于间接故意犯罪的范畴。应当预见而没有预见，是疏忽大意的过失犯罪的范畴。已经预见是犯罪嫌疑人在放任自己行为时的一种客观存在的心态，应当预见则是一种推定。在司法实践中，已经预见与应当预见不易区分，导致间接故意犯罪与疏忽大意过失犯罪的混淆。因此，判断疏忽大意过失中的"应当预见"就显得相当重要。预见义务、预见能力、可预见性是疏忽大意的过失犯罪中"应当预见"所必备的条件。预见义务是根据犯罪嫌疑人的具体情况，如身份、职务、当事人之间的约定等具体情节来评判的；预见能力的评判，理论上有客观说、主观说、折中说之分，司法实践中倾向于采取客观说，即评判对于一种结果能否预见应以社会上一般人的认识能力和水平为标准。在当时的具体情况下，一般理智正常的人能够预见到这种行为会造成什么样的结果，则行为人也就能够预见到；一般人不能预见到的，则行为人也就不能预见到。如果对该种结果的预见需要专门的知识，只要对这种专业知识具有正常水平的人能够预见到，则行为人也能够预见到。可预见性是指危害社会的结果的发生是可以预见的，即危害结果的发生在客观上是具有可预见性的。

疏忽大意的过失犯罪主观构成要件包括两个方面：一是主观上"没有预见"，二是疏忽大意之事属于"应当预见"的范畴。本案的发生是由于蒋某在"脑子一片空白，什么也没想，就只想把孩子藏住"的环境和念头的支配下将孩子置放于垃圾篓内。基于第二点分析，没有证据证明蒋某主观上"已经预见"其行为会导致婴儿死亡，蒋某的主观心态只能评判为"没有预见"。从疏忽大意过失中"应当预见"的构成条件分析，蒋某"什么也没想，就只想把孩子藏住"的心态，正好符合应当预见而没有预见的疏忽大意的过失的特征，具有疏忽大意过失犯罪"应当预见"的三个条件：蒋某作为孩子的母亲，有抚养孩子的法定义务，具有预见义务；蒋某作为一名心智、精神均正常的成年人，具备预见能力；蒋某对将完全不具备独立生活能力的初生婴儿置放于垃圾篓内所会产生的危害后果具有可预见性。因此，蒋某的心态符合疏忽大意的过失犯罪主观构成要件的两个方面，蒋某的行为应定性为过失致人死亡罪。

四、处理结果

本案经重庆市九龙坡区人民检察院审查，认为蒋某涉嫌过失致人死亡罪，作出微罪不起诉决定。

（重庆市九龙坡区人民检察院　易明　姚娇）

6. 吴某某等故意伤害案

——取保候审期间逃跑后又投案是否认定为自首

一、基本案情

被告人吴某某，男，1970 年出生，农民。

2008 年 12 月 23 日，吴某某因琐事与戴某某发生纠纷，吴某某伙同他人将戴某某等 2 人打成轻伤。12 月 25 日，吴某某及另外 3 名同案犯被公安机关抓获并刑事拘留。2009 年 1 月 24 日，鉴于吴某某等人认罪态度较好，采取取保候审不致再发生社会危险性，办案机关决定对 3 人取保候审。吴某某在取保候审期间因害怕受到法律追究而潜逃，并经公安机关多次通知均未到案。1 年后，吴某某被自动解除取保候审并被上网追逃。同时，公安机关动员吴某某的家属规劝吴某某投案，吴某某于 2011 年 11 月 13 日主动向公安机关投案并再次如实供述了自己的犯罪事实。

二、意见分歧

就本案中吴某某的投案行为是否属于自动投案，能否认定为自首存在两种分歧意见：

第一种意见认为，吴某某的投案行为不属于自动投案，不能认定为自首。理由是：吴某某之前因涉嫌犯罪已受到公安机关的讯问并被采取强制措施，在取保候审期间经通知不到案，根据最高人民法院《关于处理自首和立功具体应用法律若干问题的解释》（以下简称《解释》）第1条关于"尚未受到讯问、未被采取强制措施"的有关规定，其行为不属于"自动投案"，故不应认定为自首。

第二种意见认为，吴某某的投案行为属于"自动投案"，可以认定为自首。理由是吴某某在被取保候审后潜逃，1年后解除取保候审，就恢复"自由身"了。吴某某逃跑数年后，在亲朋的规劝下主动投案，符合《解释》第1条之规定的"犯罪后逃跑，在被通缉、追捕过程中，主动投案的"，应当视为自动投案的情形，故应当认定为自首。

三、评析观点

本文同意第二种观点，认为吴某某的投案行为属于自动投案，可以认定为自首，理由如下：

（一）从现有的法律规定看，吴某某的行为成立自首

一方面，《刑法》第67条规定："犯罪以后自动投案，如实供述自己的罪行的，是自首。"因此，只要是犯罪的人在被抓捕以前，主动将自己交付给司法机关，自愿说出犯罪真相，接受司法机关的处置的行为，就可以认定为自首。

另一方面，根据《解释》第1条规定："犯罪后逃跑，在被通缉、追捕过程中，主动投案的，应当视为自动投案。"因此，犯罪的人在潜逃过程中，虽然曾被公安机关组织力量实施抓捕，但在恢复"自由身"以后又逃跑并被公安机关通缉、追捕期间再次主动投案，属于犯罪以后自动投案的行为，其如实供述自己的犯罪事实，符合自首的法律规定，依法应认定为自首。《解释》第1条规定的"犯罪嫌疑人自动投案后又逃跑的，不能认定为自首"显然不包括犯罪嫌疑人归案后逃跑，后又自动投案的情形，否则便和该《解释》第1条"犯罪后逃跑，在被通缉、追捕过程中，主动投案的，应当视为自动投案"的规定前后矛盾；而且，"犯罪后逃跑"，应当包括犯罪嫌疑人在取保候审期间外逃之情形。

有观点认为该类犯罪分子是在受到公安机关的讯问并被采取强制措施，在取保候审期间经通知不到案，其不属于《解释》第1条规定的"尚未受到讯问、未被采取强制措施"的情形，故其行为不符合自首的构成要件，不应认定为自首。但笔者认为，应当注意区分"未受到"与

"未受到过"、"未被采取"与"未被采取过"的区别，不能等同对待，前者表示现在的一种持续状态，而后者则表示曾经的一种状态。因此，只能认定此类犯罪分子的行为为"已受到过公安机关的讯问并采取强制措施"，而非"已受到公安机关的讯问并采取强制措施"。

因此，认定吴某某在取保候审后逃跑数年，又主动将自己交付给司法机关追诉的情形为自首是有法律依据的。

（二）从自首制度设立的初衷来看，吴某某的行为也应当认定为自首

首先，我国刑法之所以设立自首制度，其目的在于鼓励犯罪人自动投案，悔过自新，不再继续作案，同时，也有利于案件的及时侦破与审判，减少司法机关对刑事侦查、审判等人力、物力的投入，节约诉讼资源，符合刑罚经济原则。

其次，自首的本质是犯罪人出于本人意愿而将自己交付司法机关追诉，它与违背犯罪人意志的被动归案，或者在被动归案后的坦白行为的本质区别在于更有利于减小犯罪人的人身危险性。

再次，我国设立取保候审制度，其实质是司法机关基于对犯罪分子的"信任"，由犯罪分子提出保证人或者交纳保证金，从而使犯罪分子获得"自由身"的一种强制措施。而取保后逃逸的行为违反了取保候审"随传随到"的规定，犯罪分子应当受到相应的惩罚，如没收保证金、收监羁押、追究保证人的责任等，而不是剥夺其"自动投案"的权利。取保候审后恢复"自由身"的犯罪分子和正常情况下处于自由状态的犯罪分子"自动投案"的，两者并没有实质上的差异。

最后，《解释》中对"自动投案"的解释实际上分为两种情形：一种是一般意义上法律对"自动投案"的理解，即自动投案是指犯罪事实或者犯罪分子未被司法机关发觉，或者虽被发觉，但犯罪分子尚未受到讯问、未被采取强制措施时，主动、直接向司法机关投案；另一种为特殊情形下"视为自动投案"的若干情形，其中就包括了"犯罪后逃跑，在被通缉、追捕过程中，自动投案的，应当视为自动投案"。这里对"犯罪后"的理解，根据法律解释学原理，应从一般、通常的文义解释看，在未得到判决生效以前都可以称做"犯罪后"，当然也应当包含被采取强制措施之后逃跑的行为。我们不能认为，只要"犯罪分子归案后

又逃跑的"就不能认定为自首，否则就有机械适用法律之嫌。

因此，在本案中，吴某某是在被采取强制措施后逃跑，在被通缉、追捕过程中，吴某某又能主动投案，系出于自身真心悔过而将自己主动交付给司法机关追诉，否则其不可能在未被公安机关抓获的情况下主动归案，自然应认定为自动投案，只不过这时的被告人吴某某属于法律上"视为自动投案"的特殊情形。

（三）从情理角度看，对逃跑后再次投案的犯罪分子予以从轻处罚具有一定的合理性

一方面，犯罪分子的人身危险性减小。犯罪分子之所以外逃后又再次主动归案，不管其出于何种动机，只要其自动投案，并将自己交付给司法机关追诉，人身危险性大大减小，故法律考虑对其从轻处罚从常理上是说得通的。

另一方面，如果因为犯罪分子外逃而不认可其先行自首行为的成立，结果必然会使犯罪后逃跑且原本有再次投案动机的犯罪分子，不会再次主动归案，这无疑和刑罚经济原则背道而驰，也不利于公安机关迅速破案。试想，如果吴某某知道自己再次主动归案，而法院认为其自首行为不能成立，继而不能对其所犯罪行从轻处罚的话，那吴某某还会在逃跑后自动投案吗？显然不会。何况，正是因为吴某某选择在逃跑后自动投案，从而避免了司法资源的进一步浪费，相对于吴某某被动归案，无疑是节省了司法成本的。

有人担心如果认定吴某某的行为为自首，同之前与吴某某一同归案的同案犯老老实实地接受了司法机关的处理相比，反而是逃跑的犯罪分子还具有法定从轻或者减轻处罚的情节，会有失公允。实际上，我国《刑法》第 67 条第 1 款明确规定："对于自首的犯罪分子，可以从轻或者减轻处罚。其中，犯罪较轻的，可以免除处罚。"此处规定对于自首的犯罪分子是"可以"，而不是"应当"从轻、减轻或者免除处罚。因此，在符合自首构成要件的前提下，应当认定其行为具有自首情节，但在具体量刑时应当充分考量其犯罪事实、犯罪性质、犯罪情节、危害后果、社会影响、主观恶性和人身危险性以及投案的主动性、供述的及时性和稳定性等，给予"从轻或者减轻"处罚。

（四）从贯彻宽严相济刑事政策的角度看，亦应当认定犯罪分子逃跑后再次投案为自动投案

吴某某归案后，在取保候审期间外逃，经多次通知不到案，1 年后自动解除取保候审并被网上追逃，而就在被追捕过程中，吴某某能自觉主动投案，归案完全是在其本人意志的决定下自动为之。犯罪分子在取保后逃跑数年又主动投案的与普通自动投案的重点都应当落脚于"投案"上，只要是"自由身"的犯罪分子，不管在什么前提条件下，只要自己愿意主动投案，都应当视为"自动投案"的情况，这样才有利于鼓励各个环节处于自由状态下的犯罪分子归案、接受法律的评价。

根据宽严相济的刑事司法政策，对各个环节处于自由状态下的犯罪分子自动归案的都应该对其从宽处罚，应当视为自动投案，以鼓励犯罪分子真心悔过自新，认真接受教育改造。

四、处理结果

重庆市长寿区人民检察院以吴某某犯故意伤害罪向人民法院提起公诉。人民法院认为吴某某因本案于 2008 年 12 月 25 日已被公安机关刑事拘留，2009 年 1 月 24 日被公安机关取保候审，其犯罪事实已被司法机关掌握。2011 年 11 月 13 日吴某某虽主动投案，但其之前因涉嫌犯罪已受到公安机关的讯问并被采取强制措施，在取保候审期间经通知未到案，故其行为不符合自首的构成要件，不应认定为自首。最终，法院以犯故意伤害罪判处其有期徒刑 1 年 6 个月。

（重庆市长寿区人民检察院　刘泽江）

7. 陈某非法拘禁、诈骗案

——陈某的行为应定一罪还是数罪

一、基本案情

被不起诉人陈某，男，1967 年出生，某银行保安。

陈某因怀疑妻子杨某某有外遇，遂于 2010 年 10 月 25 日 16 时许至 10 月 27 日 12 时许，将杨某某控制在自己家中不许其外出，长达 40 余小时。其间，陈某用透明胶带封住杨某某的口，绑住手、脚，用烟头烫伤杨某某的双乳，并对其殴打，杨某某被逼说出与一名叫周某某的男子有不正当男女关系。为报复周某某，陈某在控制杨某某期间，用杨某某的手机，以杨某某的名义给周某某发短信，要求周某某打款 1 万元人民币到杨某某的卡上，用做与陈某离婚的费用。周某某在收到短信后，信以为真，遂将 1 万元人民币打到杨某某的邮政储蓄银行卡上。陈某逼迫杨某某说出银行卡密码后，于当日将 1 万元人民币取出存入自己的农村商业银行卡上。此后，陈某对自己的行为有所悔悟，在其妻杨某某的陪同下主动到公安机关投案，供述了上述犯罪事实，并交出了周某某给付的 1 万元。

二、意见分歧

本案在讨论过程中，出现了以下三种不同的意见：

第一种意见认为，陈某的行为构成抢劫罪。主要理由是，陈某对其妻实施捆绑、殴打、伤害，以其妻名义骗取"第三者"打款至其妻账户上并逼迫其妻说出银行卡密码等一系列行为的犯罪动机，就是要实施报复。认定抢劫罪的关键之处，就是"陈某逼迫杨某某说出银行卡密码"，并将钱取走这个行为。至于陈某对其妻实施捆绑、殴打，欺骗周某某打入其妻账户的1万元，都属于抢劫罪客观方面的行为，无须再另行定罪。

第二种意见认为，陈某的行为构成非法拘禁罪和诈骗罪。主要理由是：（1）"两高"和公安部虽然没有对一般主体实施的非法拘禁行为有明确的立案标准规定，但在司法实践中通常是参考最高人民检察院《关于渎职侵权犯罪案件立案标准的规定》（以下简称《规定》）第2条对国家机关工作人员利用职权实施的非法拘禁案的立案标准。本案中，陈某对其妻非法拘禁长达40余小时，并在拘禁过程中实施了捆绑、殴打、侮辱等行为，性质恶劣，其行为已构成非法拘禁罪。（2）陈某用其妻的手机，以其妻的名义给周某某发短信，要求周某某打款1万元用做与陈某离婚的费用。周某某在收到短信后，信以为真，将款打到其妻的账户上，之后被陈某占为己有，其行为已构成诈骗罪，应数罪并罚。

第三种意见认为，陈的行为不构成非法拘禁罪，只构成诈骗罪。

三、评析观点

笔者赞同第三种意见，理由如下：

（一）陈某的行为不构成非法拘禁罪

首先，《规定》针对的是国家机关工作人员利用职权对公民实施的非法拘禁行为，不能简单地套用到一般主体实施的非法拘禁行为上。其次，本案属于夫妻之间的拘禁行为，和刑法中的非法拘禁行为应当有所区别。陈某限制杨某某系家庭内部矛盾引发，其动机并非想真正拘禁杨某某，而是想通过此手段逼迫杨某某说出与周某某的不正当男女关系，且拘禁的地点是在自己家中，虽然陈某对杨某某实施了一定的殴打行为，但从伦理道德、社会风俗上看，杨某某系过错在先，陈某的行为虽有不当之处，但并未造成严重后果，不宜以犯罪论处。因此，陈某的行为不构成非法拘禁罪。

（二）陈某的行为构成诈骗罪，不构成抢劫罪

首先，陈某对其妻实施捆绑、殴打、侮辱、限制人身自由等行为，

是因为发现其妻经常外出，举止反常，怀疑其有外遇，而其妻又不承认，为逼迫其妻说出实情而采取了上述行为，主观上并无抢劫的故意。当陈某逼其妻说出实情后，为报复"第三者"周某某，采取了欺骗的手段，骗取了周某某的钱财，此时陈的主观上只具有"诈骗"的故意而非"抢劫"的故意。若将上述两种行为看做后来"逼迫杨某某说出银行卡密码"并将钱取走而故意为之，则违背了我国刑法主客观相统一的基本原则，有客观归罪之嫌。

其次，"陈某逼迫杨某某说出银行卡密码"的行为是在整个诈骗行为已经实施完毕之后。诈骗罪的基本构造为：行为人实施欺骗行为—受骗者产生错误认识—受骗者基于错误认识处分财产—行为人或第三者取得财产—受骗者遭受财产损失。结合本案看，完全符合以上基本构造：陈某用其妻的手机，以其妻的名义给周某某发短信，要求给杨某某的账户汇钱"离婚"（欺骗行为）—周某某信以为真（产生错误认识）—遂给杨某某的账户汇入 1 万元钱（基于错误认识处分财产）—1 万元钱汇入杨某某的账户（行为人或"第三者"取得财产）—周某某遭受财产损失。也就是说，自 1 万元钱汇入杨某某的账户后，陈某的整个诈骗行为即实施完毕。

最后，"陈某逼迫杨某某说出银行卡密码"的行为只是影响该诈骗行为是即遂还是未遂问题。本案中，周某某交付财物是通过银行转账结算方式进行的，陈某从银行取出钱款，即为诈骗即遂，否则即为未遂。因为周某某的钱款转入杨某某的账户，只为陈某控制该笔钱款提供了前提和可能性，并不意味着陈某取得了对该笔钱款的实际控制。因此，只有当陈某从银行取出钱款，才算真正取得了对该笔钱款的控制和支配，从而构成犯罪即遂。基于上述原因，陈某才逼迫杨某某说出银行卡密码，以便于取出所骗取的钱款。

四、处理结果

本案经重庆市丰都县人民检察院审查后，认为陈某的非法拘禁行为情节显著轻微，不按犯罪处理，但构成诈骗罪，鉴于有自首、退赃情节以及获得被害人谅解，决定对其不起诉。

（重庆市丰都县人民检察院　徐明）

8. 郭某盗窃案

——盗窃罪既遂与未遂如何确定

一、基本案情

被不起诉人郭某，男，1983 年出生，工人。

郭某和被害人胡某同在重庆市沙坪坝区某小车修理厂工作，共用一间办公室。该办公室放有一张办公桌和一台铁皮柜，办公桌为胡某一人专用，铁皮柜的钥匙由胡某一人掌握。2012 年 1 月 4 日上午 10 时许，郭某趁办公室无人之机，窃取胡某放于办公桌上挎包内的钥匙，再用钥匙打开铁皮柜盗出现金 20000 元，藏于办公桌左边最下面的抽屉里，准备择机带出。次日上午，在郭某尚未带走赃款之前，胡某发现财物被窃并报案。刑警到达现场后，作了现场勘查并对包括郭某在内的工作人员采集指纹。郭某害怕事发，当晚将赃款放于胡某办公桌最上面的抽屉，以期胡某发现不再追究。1 月 6 日上午，胡某在抽屉中发现赃款。1 月 15 日，郭某主动到派出所投案自首。

二、意见分歧

本案在讨论过程中，出现了三种不同的意见：

第一种意见认为，本案郭某构成盗窃罪既遂。因为虽然整个案件过程郭某未取得财物的完全控制权，但失主胡某确实不知被窃财物的去向，实际失去了对财物的控制。因此，郭某构成盗窃罪既遂。其后"归还"财物和自首只是两个量刑情节。

第二种意见认为，本案郭某构成盗窃罪中止。本案失主胡某虽暂时不知被窃财物去向，但财物尚在胡某一人专用并由其单独控制的办公桌内。此时，不能说财物已脱离胡某控制。而且本案郭某的盗窃行为是由一连贯的动作组成，只是郭某害怕被发现而没有实施将财物从办公桌转移到自己身上的动作，故不构成犯罪既遂。因此，郭某是有条件实施完盗窃犯罪，但害怕案发而主动放弃，应认定为盗窃中止。

第三种意见认为，本案郭某构成盗窃罪未遂。郭某的盗窃行为处于犯罪的未完成状态，不应构成犯罪既遂，理由同第二种意见。但是，本案中由于刑警已经介入，并对郭某采集了指纹。此时，不是郭某主动放弃第二阶段犯罪行为的实施，而是郭某被动放弃犯罪行为的实施。因为，如果郭某执意将赃款转移，必然留下指纹被刑警抓获。因此，郭某的行为应认定为盗窃罪未遂。

三、评析观点

笔者同意上述第三种观点，本案郭某构成盗窃罪未遂。理由如下：

（一）郭某的盗窃行为不构成既遂

1. 应以"失控说"界定盗窃罪的既未遂

关于盗窃罪既未遂的学说，包括"接触说、转移说、隐匿说、失控说、控制说、失控加控制说"[1] 等多种。在司法实践中，比较常见的是失控说和失控加控制说。所谓"失控说认为应以被害人是否失去对财物的控制为（盗窃既遂）标准，失去控制的为既遂。失控加控制说认为应以被害人是否失去对财物的控制，并且该财物是否已置于（犯罪）行为人实际控制之下为标准，失去控制的为既遂"。[2]

坚持失控加控制说的理由为，"这种学说符合主客观相一致的学术通说，被害人对财物失去控制和行为人取得财物所有权是相互联系的，但这种权利的转换并不是总在瞬间完成。行为人是否取得对盗窃财物的

---

① 张明楷：《刑法学》（第二版），法律出版社 2007 年版，第 772 页。

② 高铭暄、马克昌主编：《刑法学》（第三版），北京大学出版社、高等教育出版社 2007 年版，第 570—571 页。

控制权是认定盗窃既遂和盗窃未遂的关键"。① 坚持失控说的理由为，"盗窃罪是结果犯，应以给公私财产所有权造成直接损害结果为构成要件齐备的标志。所有权的损害结果表现在所有人或持有人控制之下的财物因被盗窃而脱离了其实际控制……从对客体的损害着眼，以财物所有人或持有人失去对被盗财物的控制作为既遂的标准，符合盗窃罪既遂的本质特征。"② "（犯罪）行为人是否控制了财产，不能改变被害人的财产实际受侵害的事实。……以行为人实际控制财物为既遂标准的观点，过于重视了行为人的主观恶性，但轻视了对法益的保护；过于强调了盗窃行为的形式，但轻视了盗窃行为的本质。"③

在上述两种观点中，笔者同意失控说，理由同引用的学说观点一致。盗窃罪注重的是对被害人合法权益的保护，当然应以被害人财产是否受到侵害为既未遂标准。如果在判断既未遂时加上犯罪行为人是否实际控制的因素，一来忽视了对被害人合法权益的保护，二来混乱了盗窃罪判断的标准。如果坚持失控加控制说，那么盗窃后行为人逃离现场时不慎将财物失落的行为如何定性？盗窃财物时没有意识到其中一件赃物是高价值的古董而不具有控制的意思，并在逃离现场时随意丢弃的行为又如何定性？因此，盗窃罪应以失控说为唯一的判断该罪既未遂的理论标准。

2. 合理确定"失控"范围

但是，在司法实践中，对失控说所谓的"失控"应作合理确定，以规范法律适用，确保罪刑相当。关于失控的范围，或者说物主对财物"合法控制的范围"，应当结合具体案情，分别判断。在判断时，要着重把握如下因素：

一是作案的时间、地点。因为作案的时间、地点不同，财物的合法控制范围也不同。如在商店中，白天营业员只负责看管柜台，柜台即为财物合法控制范围；晚上商店关门，则整个商店为合法控制范围。又如盗窃林木的，若在林区盗伐，则应以林区延伸出的公路检查站为合法控

---

① 杨晓林、付文亮：《盗窃时没有真正控制财物如何定性》，载《中国检察官》2010 年第 2 期。

② 高铭暄、马克昌主编：《刑法学》（第三版），北京大学出版社、高等教育出版社 2007 年版，第 571 页。

③ 张明楷：《刑法学》（第二版），法律出版社 2007 年版，第 773 页。

制的边界；而在林木仓库盗窃的，则应以仓库大门或围墙为合法控制的边界。

二是犯罪方法。如扒窃的，以财物脱离了被害人口袋为失去合法控制；而入户盗窃的，以财物转移至户外为失去合法控制。

三是财物的形态。有形财产如珠宝电器和无形财产如软件电气，其合法控制范围当然不同。

四是财物重量体积。重量轻、体积小的财物，便于藏匿携带，其合法控制范围较小；反之，重量重、体积较大的财物，不便藏匿携带，其合法控制范围较大，一般界定在物主的管辖范围之内。[①]

实际上，以上"四因素"区分合法控制的范围是以物主的控制能力和责任范围为核心展开的，且以控制能力为主，以责任范围为辅。司法实践中的具体界定，应参考"四因素"依案情合理分析。

深入分析失控加控制说，我们会发现，如果"失控"的范围能够加以合理确定，这一学说和失控说在某种程度上就统一了起来。因为坚持失控加控制说的学者认为，"盗窃作案的时间、地点、手段和被窃财物的性质、重量、体积的不同都可以影响行为人对被盗财物的控制，从而影响对盗窃行为既遂与未遂的认定"。[②] 这说明，坚持这种学说的学者有出于担心"失控"范围不易界定的考虑才在失控的基础上加上控制的要素。如果我们能够合理确定"失控"的范围，就没有必要加上控制的要素了。

3. 本案财物尚未"失控"

由上分析，盗窃罪的既遂、未遂应以物主对财物是否失去控制为判断的标准。而判断物主对财物是否失去控制首先要合理界定物主对财物"合法控制的范围"，这一界定应以物主对财物的控制能力和责任范围为依据。具体到本案，被盗财物尚在物主胡某一人专用的办公桌内。而该办公桌系物主胡某有能力控制也有责任控制的范围，因此本案财物并未失控，犯罪嫌疑人郭某的行为处于未完成状态，不构成盗窃罪既遂。

---

① 以上"四因素"的观点参见喻华明：《财物的合法控制范围与盗窃的既遂未遂》，载《人民公安》1994 年第 6 期。

② 杨晓林、付文亮：《盗窃时没有真正控制财物如何定性》，载《中国检察官》2010 年第 2 期。

（二）郭某的盗窃行为构成未遂

既然本案郭某的犯罪行为处于未完成状态，则只可能是犯罪预备、未遂或中止。显然本案盗窃行为已经着手实行，不可能构成预备，那只能是未遂或中止。

1. 郭某的行为不符合犯罪中止的"自动性"要件

我国《刑法》第 24 条规定，在犯罪过程中，自动放弃犯罪或者自动有效地防止犯罪结果发生的，是犯罪中止。学界通说，犯罪中止的构成有四个要件，包括中止的时间性、自动性、客观性和有效性。显然中自动性是构成犯罪中止的必备要件。所谓自动性包含两层含义，"一是行为人自认为当时可以继续实施和完成（犯罪行为）。二是行为人出于本身意志而停止犯罪，这是成立自动性的关键条件。"① 而在本案中，郭某之所以在完成将财物转移到办公桌的第一阶段犯罪行为后，却没有实施第二阶段的犯罪行为即将财物转移至自身，是因为刑警已经介入案件调查，不但勘查了现场而且采集了郭某的指纹。案件发展至此，已经形成这样一种态势：主观上，郭某心生畏惧，认为财物若经转移，必然会被发现；客观上，刑警已进入现场，郭某很难顺利完成犯罪行为，其若有下一步动作，很可能动作尚未完成就被发现。因此，本案郭某从主客观两方面都不符合构成中止自动性的条件，因而郭某的行为不构成中止。

2. 郭某的行为构成犯罪未遂

依我国《刑法》第 23 条的规定，已经着手实行犯罪，由于犯罪分子意志以外的原因而未得逞的，是犯罪未遂。本案中，郭某已经着手实行犯罪，但是犯罪行为尚未实行完毕（只完成第一阶段）就被被害人发现，随即又有刑警介入，这些意志以外的原因导致犯罪不能完成。这种情况类似于张明楷教授所言"抑止犯罪意志的原因"，② 即某种事实使得行为人认为自己客观上已经不可能继续实行犯罪，从而被迫停止犯罪。在论述该观点时，张明楷教授举例：行为人正在他人住宅抢劫时，忽然听到警笛声，以为是警察来抓捕自己，便被迫逃离现场。即便该车并不是警车或者虽是警车却并非来抓捕行为人的，但由于行为人认为自己客

① 高铭暄、马克昌主编：《刑法学》（第三版），北京大学出版社、高等教育出版社 2007 年版，第 172 页。
② 张明楷：《刑法学》（第二版），法律出版社 2007 年版，第 295 页。

观上已经不可能继续实行犯罪，仍然属于意志以外的原因。相对于张明楷教授所举例子，本案警方的介入时间虽然不是在郭某犯罪行为正在实行时，但是仍然是犯罪行为实施过程中——第一阶段完成后，第二阶段实施前，而且这一介入的强度足以抑止郭某犯罪的意志。实际上，在检方讯问嫌疑人时，郭某供述之所以没有将财物取走，就是因为有警方介入，害怕被发现，因心生畏惧才中止犯罪。总之，郭某并不是内心自愿而是因"情势所迫"才停止犯罪，他的这种心态和自愿中止的犯罪中止不同，更符合犯罪未遂的定义。

因此，郭某的行为构成盗窃罪未遂。

四、处理结果

本案经重庆市沙坪坝区人民检察院审查，认为郭某的行为构成盗窃罪未遂，考虑到其有主动退回财物和自首等情节，最终作出微罪不起诉处理。

（重庆市沙坪坝区人民检察院　钱学敏）

9. 刁某某盗窃案
——如何正确区分盗窃和侵占

一、案情简介

被不起诉人刁某某，男，1964年出生，无业。

2008年7月8日上午8时许，刁某某与妻子王某某到石柱县南宾镇城东路邮政储蓄所取款。在储蓄所内，恰遇被害人陈某某正在柜台前办理取款业务，营业员将陈某某所取的7万元现金（共7扎，每扎1万元）放在柜台上的取款槽内交付给陈某某。陈某某随即拿走6扎现金，将其中的一扎1万元现金落在取款槽内，然后到营业厅一旁的桌上背对柜台清点每扎现金数额。犯罪嫌疑人刁某某发现陈某某在取款槽内落下了一扎现金，遂萌生了占有的念头。刁某某见其前面有一名学生正在取款，担心现金被发现，遂上前用手及手里的取款凭条将1万元现金遮住。学生取款走后，刁某某悄悄地将取款槽内的现金放进自己的裤包内，这一切被在旁边的妻子王某某看在眼里。刁某某给其妻子传递眼神，王某某心领神会代替刁某某办理的取款业务，刁某某带着1万元现金匆匆离开了储蓄所。陈某某清点完手中的现金后才发现少了一扎，立即去找营业员理论。储蓄所当即调取监控录像，发现系犯罪嫌疑人刁某某所为，于是四处寻找刁某某未果。

当日，陈某某向公安机关报案。公安机关查获刁某某下落，并以电话方式传唤其到案。刁某某到案后，如实供述自己作案的经过，并交出了非法占有的 1 万元人民币。

二、意见分歧

第一种意见认为，刁某某以非法占有为目的，秘密窃取他人财物，数额巨大，其行为已触犯《刑法》第 264 条之规定，构成盗窃罪。其理由是刁某某有非法占有他人财物的故意，客观上又采取秘密方式获取了他人财物，其主客观要件均符合盗窃罪的特征。

第二种意见认为，刁某某将他人的遗忘物非法占为己有，数额较大，且有意躲藏，符合拒不交出的情形，其行为已触犯《刑法》第 270 条第 2 款之规定，构成了侵占罪。其理由是刁某某非法占有的是他人的遗忘物，且有拒不交出的情形。

第三种意见认为，陈某某落在取款槽内的现金系遗失物，刁某某拾得他人的财物系不当得利，应当返还陈某某，但刁某某的行为不构成犯罪。

第四种意见认为，刁某某拿走他人遗忘的现金并占为己有，在公安机关介入后如实地交代了事情的经过，并交出了非法获取的现金，其没有"拒不交出"的情形，其行为不构成犯罪。

三、评析观点

笔者赞成第四种意见，理由是：

（一）侵害行为实施前被侵害的对象所处的状态是本案定性的关键

犯罪对象是指犯罪行为侵害的人或物。在侵犯财产类犯罪中，除了犯罪主体的身份、侵害行为的客观方式的结果外，犯罪对象所处的状态是区分此罪和彼罪的重要依据与标准，也是区分既遂和未遂等犯罪形态、罪重和罪轻的标准。在盗窃犯罪中，犯罪对象在被侵害前处于所有人控制的状态，盗窃犯罪的过程就是行为人通过秘密的手段，将犯罪对象位置发生转移，使其脱离财物所有人的控制的过程。而在侵占罪中，犯罪对象在被犯罪行为侵害前，犯罪对象处于保管人控制状态或处于所有人遗忘状态以及所有人埋藏状态。也就是说，在侵占罪中，行为人在非法占有财物时，所有人对犯罪对象已经处于失控状态。本案中需要探讨是：1 万元现金在被刁某某据为己有前处于什么状态。

第一种观点认为，落下的 1 万元现金仍在陈某某的控制下。理由是：对于陈某某来讲，其主观上对落下的现金是存在控制意识的，并且实际陈某某与落下的现金相距很近，均在储蓄所这个特定的空间内。因此，应当认定这 1 万元现金还没有脱离陈某的控制。在这种情况下，刁某某的行为完全符合《刑法》第 264 条规定的情形，应当认定刁某某的行为构成盗窃罪。

第二种观点认为，落下的 1 万元现金已经脱离了陈某某的控制，属于遗失物。理由是：当储蓄所的工作人员将 7 万元现金交到取款槽内时，即可认定陈某某已经收到，7 万元现金处于陈某某的控制之下。当陈某某将其中的 6 万元拿走后，落下的 1 万元现金已经被其遗失。其落下现金的行为与其在其他公共场所落下并没有区别，落下的现金属于遗失物，刁某某拿到这 1 万元现金不认为是犯罪，应属于民法范畴内的不当得利。

第三种观点认为，落下的 1 万元现金脱离了陈某某的控制，但陈某某经过回忆和询问等手段，能够想起这 1 万元现金落下的具体地方，因此，应当认定落下的 1 万元现金系遗忘物。理由有二：其一，储蓄所是人人都可以出入的公共场所，银行当着取款人的面将现金放到取款槽内，应视为银行已经履行完支付责任，也应视为现金已经脱离了银行的控制，银行对支付的现金已无监管责任。其二，储蓄所进入人员十分复杂，陈某某从取款槽内取走 6 万元现金后，虽然没有离开营业厅，但其背对着柜台清点现金，说明其对未取走的现金已经失去了控制。其三，陈某清点取款金额，首先只对每一扎内的现金数额是否有出入进行核实，说明其对银行交付的扎数确认无误，当清点完每一扎的数额后，陈某某才发现少了一扎现金，其第一反应就是直接走向取款槽，也说明其首先想起现金已被自己落在取款槽内，与其丢失而不知道落在什么地方的遗失是不同的。因此，应当认定刁某某非法占有的现金是脱离陈某某控制处于遗忘状态中的遗忘物。这是本案中认定刁某某的行为是否构成犯罪，以及构成盗窃罪还是侵占罪的关键要素。

（二）是否有拒不交出的情形是认定构成侵占罪的重要依据

《刑法》第 270 条规定，以非法占有为目的，将代为他人保管的财物或者他人的遗忘物、埋藏物占为己有，拒不交出的，构成侵占罪。可见，除了要非法占有他人处于特定状态下的财物之外，还必须具备"拒不交出"的行为才能构成侵占罪。在司法实践中，如何理解和认定"拒不交出"，存在很大的分歧。第一种观点认为，占有人明知其非法占有的财物应当交出而没有交出，即可认定为"拒不交出"。第二种观点认为，财物所有人发现财物被侵占后，要求占有人交出而不交出的就是拒不交出。第三种观点认为，财物所有人向公安机关报案后，公安机关责令其交出财物，而占有人仍不交出，或者财物所有人向人民法院提起诉讼，在一审判决前，占有人仍不交出的行为。

笔者认为，应当以第三种观点来认定"拒不交出"。理由是：

第一，与财物占有人对应的财物所有人必须有要求返还财物的意见表示，才能作为侵占罪的前提。如果财物所有人对自己被他人占有的财物没有追索，则可以推定财物所有人放弃财物的所有权或者认同财物占有人对财物的实际控制。通俗地讲，有"求"才有"应"或"不应"。没有请求为前提，就不会产生"拒不交出"的结果。

第二，《刑法》第270条规定，侵占罪告诉才处理。如果被害人不向公安机关报案或不向人民法院起诉，就不会对行为人追究刑事责任。根据这一点，如果财物占有人在财物所有人向公安机关报案前或者向人民法院提起诉讼前已经将财物退还给了财物所有人，危险状态消失，被害人的权利已得到保护和补偿，再追究已经没有必要。

第三，1996年《刑事诉讼法》第172条规定，人民法院审理自诉案件，可以进行调解。自诉人在判决宣告前，可以同被告人自行和解或者撤回自诉。根据这一规定，只要在判决宣告前，被告人与自诉人达成和解协议，将占有的财物返还给自诉人，自诉人可以撤销起诉，不追究被告人的刑事责任。

第四，被害人向公安机关报案，可等同于向人民法院提起诉讼的法律后果。也就是说，公安机关接到报案后，开展立案侦查活动，认定占有人应当返还所有人的财物，并责令其交出财物时，占有人交出了财物，则不能认定其拒不交出。

因此，在本案中，刁某某的行为不能认定为拒不交出，理由如下：

一是刁某某非法占有财物后，没有主动把财物交出来，甚至躲藏起来以逃避被害人的追索，但这些情节只能是认定刁某某具有非法占有财物的故意。

二是陈某某发现少了一扎钱后，经储蓄所调取监控，发现被刁某某拿走了。但陈某某并未主动找到刁某某，更未令其交出自己财物。陈某某向公安机关报案，才表明陈某某通过向公安机关报案证明其对被刁某某非法占有财物的追索和诉求。

三是在公安机关通过电话联系到刁某某后，刁某某没有逃避，而是主动到公安机关接受调查，如实地供述了自己非法获取他人财物的事实，并将非法获取的财物全部交出来。其行为显然不符合《刑法》第270条第2款规定的"拒不交出"这一侵占罪构成的客观要件。

在本案中，认为刁某某构成盗窃罪的观点，没有认真分析作为犯罪对象的陈某某的财物实际所处的状态。刁某某在非法占有财物前，财物已经脱离被害人的实际控制，因此，不符合盗窃罪中被侵害的公私财物所处的被所有人实际控制的状态，不能以盗窃罪定性。认为刁某某的行为属于民法范畴内的不当得利的观点，是没有分清楚遗失物和遗忘物的区别。认为刁某某的行为构成侵占罪的观点，是没有把握准"拒不交出"的标准，即把"非法占有"等同于"拒不交出"，或者把"拒不交出"的标准过于简单化。

四、处理结果

本案经重庆市石柱土家族自治县人民检察院审查，认为刁某某的行为情节显著轻微，危害不大，不构成犯罪，作出不起诉决定。

（重庆市石柱土家族自治县人民检察院　马德胜）

10. 周某等盗窃案

——在网络上冒用身份信息获取消费积分换取礼
品的行为应如何定性

一、基本案情

被告人周某，男，1987 年出生；徐某，女，1986
年出生；颜某，女，1990 年出生。三人均系重庆某电
脑设备有限公司员工。

2010 年 12 月。周某、徐某、颜某三人代表该电
脑设备有限公司参加重庆电信公司消费积分兑换礼品
的活动，发现可以利用电信公司内部网络获取其他客
户的积分情况及身份信息，并且发现电信公司消费积
分换礼品活动中电信公司为客户设置的默认密码是客
户身份证号码的后六位，只要客户没有更改密码，他
们就可以利用在电信公司内网上获得的客户信息在电
信公司网上商城假冒客户身份换取礼品。三人遂商量
利用这一漏洞实施犯罪活动谋利。2010 年 12 月，三
人在重庆市九龙坡区某电信营业厅内，利用内网获取
包括市教委、市电力公司、燃气公司、美美百货等十
余家单位电信座机开户人身份信息，通过互联网在电
信网上商城中多次盗用这些单位的电信积分兑换礼品，
先后盗兑积分共计 4460240 分，价值人民币
44602.40 元。

二、意见分歧

本案中被告人的作案手段是进入电信公司内网后非法获取电信公司客户的身份信息，后利用非法获取的身份信息冒用客户名义进入电信公司网上商城兑换礼品。对这一犯罪行为的定性有三种不同意见。

第一种意见认为应定性为诈骗。被告人利用网上查询到的客户身份信息，以客户的身份登录到电信网上商城，利用电信公司网上商城的漏洞，使用客户身份证号码的后六位为密码在网上商城内兑换礼品，使电信公司误认为是客户在兑换礼品，自愿交付礼品给被告人，故成立诈骗罪。

第二种意见认为应根据实际被害人决定被告人的行为性质是盗窃还是诈骗。此种观点认为本案的犯罪对象是消费积分，定性为盗窃还是诈骗关键是要区分被害人。如果电信公司在事发后返还积分，则被害人是电信公司，此时应则成立诈骗罪，理由基本如前种观点；如果电信公司在事发后不向客户返还积分，则被害人是客户，此时应成立盗窃罪，理由是整个犯罪过程中被告人并未与客户产生任何形式的交流，更没有向客户虚构事实，而是在秘密的状态下窃取了客户的财物。

第三种意见认为不论案发后电信公司是否返还积分给客户，都应定性为盗窃罪。

三、评析观点

笔者同意第三种意见，被告人的行为构成盗窃罪。

（一）本案的犯罪对象是消费积分

消费积分具有财产性质。所谓消费积分，实质上是经营者为鼓励消费者主动消费，而推出的消费赠与行为，依据双方约定或活动规则，消费者消费满一定金额后，经营者即赠送消费者相应的积分，消费者可凭积分直接换取一定的礼品实物或者兑换积点、优惠券等。在这一交易关系中，消费者通过消费获赠一定的消费积分并进而通过处分积分来获取一定的财产或财产性利益，经营者则通过赠送积分鼓励消费者主动消费来获取预期的额外收益，同时经营者须按协议约定直接或通过向约定商户支付相应对价的方式保证消费者积分权利的实现，消费积分本身即具有一定的财产价值。在有事先约定的情况下，积分的获得依赖于消费者的消费行为，一旦消费者的消费行为发生之后，消费者即可要求经营者赠送相应的积分，而一旦消费者获赠相应积分后，积分的所有权即发生转移。所以说，电信消费积分虽然不同于传统意义上的财物，但其实质是一种财产性权益的凭证，能够成为财产性犯罪的侵犯对象。经向电信公司证实，案发后电信公司要向受损的客户返还相应积分，这更加可以证实电信积分的财产属性以及电信积分的所有权属消费者的实际状况。

周某等三人目的是非法获取电信公司网上商城的商品，其手段是使用客户的座机号码登录电信公司网上商城，根据系统"找回密码"的提示输入客户身份证号码，得到系统自动给出的密码，然后输入这个密码使用客户所有的消费积分兑换商品。虽然这一犯罪过程只有短短几分钟，但应该分成两个阶段分析。首先利用非法获取的客户身份信息，使用系统"找回密码"的程序，非法占有客户所有的消费积分，然后使用客户的积分兑换商品。消费者通过消费获赠一定的消费积分，该消费积分当然属消费者所有和支配，周某等三人使用系统"找回密码"的程序，得到系统自动给出的密码，此时即排他性地取得了消费积分的占有权，非法获取消费积分是本案具有刑事当罚性的原因。纵观本案犯罪过程的两个阶段，非法取得消费积分犯罪即告一段落，消费积分是本案的犯罪对象。第一种以诈骗犯罪定性的意见，没有说明犯罪对象究竟是消费积分还是最终兑换的礼品。

本案中，虽然电信用户拥有消费积分的所有权，但是在用户没有将积分兑换成礼品之前，积分都存放于电信公司的系统内，由电信公司占有、保管，此时积分的所有权与占有权是相分离的。被告人利用电信公司管理上的漏洞，冒用客户名义将电信公司保管、占有的消费积分领走并用于兑换礼品，侵犯了电信公司对消费积分的合法占有权。办案中必须认识到的问题是，无论是盗窃罪还是诈骗罪，其犯罪对象既可以是他人所有的财物，也可以是他人实际占有的财物。本案中，电信公司虽然要向客户返还积分，犯罪行为侵犯了客户对电信积分的所有权，但必须承认的是犯罪行为更是直接侵犯了电信公司对积分的占有权。按照第二种分歧意见的思考，如果电信公司在事发后不向客户返还积分，则被害人是客户，此时应成立盗窃罪，这种观点忽视了犯罪的实际发生过程，更忽视了犯罪行为对电信公司积分占有权的侵害。

（二）本案不属机器可骗的范围

本案中，被告人使用客户座机登录电信网上商城，利用非法获取的客户身份信息，使用系统"找回密码"的程序，非法占有由电信公司保管的消费积分。从表面上看，似乎是冒用他人身份，使计算机系统陷入错误认识而自愿交付代为保管的客户消费积分，符合诈骗罪的构成要件。但是本案是在计算机系统内完成犯罪，受骗主体是计算机系统，这就不得不涉及"机器是否可骗"这一命题。通观大陆法系立法和我国立法实践，一律认为"机器不可骗"是不可取的。在严格满足以下两个条件的情况下，可以认定机器被骗：首先，对于可能被骗的机器，应该有一定的智能性，完全没有智能性的机器，肯定不是诈骗罪中讨论的机器。其次，并非所有的具有一定智能性的机器都有被骗的可能，只有代行交易的机器才可能被骗。在现代生活中，已经出现了由机器代行交易的情形，也就是由机器代行商业辅助人的角色，既可利用机器订立合同，如自动贩卖机销售商品，也可利用机器履行或变更合同，如利用柜员机取款的情形。机器在处理交易事项时，亦可作具有法律效力的意思表示。由此可见，机器在代行商业辅助人的角色的时候，表达的是作为交易主体的人的意思表示，而只有从这个角度出发，才能判定机器是否能够被骗。作为代行交易的机器，在代行交易的范围之内，所体现的正是其背后交易主体的意志，或者说是交易主体意志的延伸。2008年最高人民检察院《关于拾得他人信用卡并在自动柜员机（ATM 机）上使用的行为如何定性问题的批复》明确了拾得他人信用卡并在自动柜员机（ATM 机）上使用的行为属于冒用"他人信用卡"的情形，以信用卡诈骗罪追究刑事责任。以上机器被骗的两点构成要件是符合该规定的。本案中，计算机系统并非是代为交易，而是代为保管客户密码的系统，不能满足机器被骗的第二个构成要件，所以本案应定性为盗窃罪。

四、处理结果

重庆市九龙坡区人民检察院以被告人周某等三人涉嫌盗窃罪向人民法院提起公诉。人民法院以盗窃罪，分别判处周某等三人有期徒刑 3 年、缓刑 3 年，并处罚金 2 万元。

（重庆市九龙坡区人民检察院　易明）

11. 周某诈骗案

——吸收犯的数个不同行为的相互吸收关系

一、基本案情

犯罪嫌疑人周某，男，1965 年出生，系重庆渝海公司承接的"某工程"实际施工人。

2007 年，广州保利公司（以下简称"保利公司"）与广州富利建筑安装工程有限公司（以下简称"富利公司"）签订《安装协议》，约定保利公司将其所属的"某工程"安装工程发包给富利公司。协议中约定该工程所需钢材由保利公司提供，工程完工后如有剩余，则剩余的钢材由富利公司自行处理。协议签订后，富利公司又与重庆渝海公司（以下简称"渝海公司"）签订《转包协议》，约定富利公司向渝海公司提供钢材，但未对工程完工后所剩钢材如何处理进行约定。其后，渝海公司又将该工程内部发包给凌某，并与凌某签订项目责任书，明确由凌某组建项目部，全面负责该工程项目。而事实上，凌某又将该工程发包给周某，在该发包过程中，凌某与周某没有签订任何书面协议。因此，周某是该项目的实际负责人，全面负责工程项目的施工。在施工过程中，周某采用虚构事实的方式使富利公司多拨钢材给项目部管理和使用，周某将多拨的钢材私自出售，并将该钢材款占为己有。

二、意见分歧

本案中，对周某的行为如何定性产生了分歧，现有以下几种意见：

第一种意见认为，周某的行为构成盗窃罪。理由如下：项目工地上的钢材系保利公司提供，剩余钢材由富利公司自行处理，可以得知保利公司将项目部剩余的钢材的所有权交给了富利公司。富利公司又将该项目转让给了渝海公司，但并未对剩余钢材的处理进行约定，因此项目工地上剩余的钢材所有权仍未转移。但是无论富利公司与渝海公司是否对剩余钢材的处理进行约定，剩余钢材都属于刑法上的他人财物。因此，周某在"他人"不知情的情况下私自将工地上的钢材出售，并将钢材款占为己有，侵害了他人的财产权，其行为构成盗窃罪。

第二种意见认为，周某的行为构成职务侵占罪。理由如下：周某作为该项目部的实际负责人，对外以渝海公司名义进行管理和经营，因此周某属于渝海公司的管理人员。虽然富利公司与渝海公司未对剩余钢材进行约定，但是富利公司在将钢材交付给渝海公司后，渝海公司负有保管义务，所以渝海公司对剩余钢材具有管理的权利。项目部作为渝海公司的内部机构，负有共同的管理职责。按照职务侵占罪的规定，侵占的对象是本单位的财物，从法律属性上分析，本单位的财物不仅指单位所有的财物，还包括单位"持有"的财物，即本单位按照法律规定或者契约约定临时管理、使用、运输的他人财物。而周某则利用是该项目负责人的职务之便私自将项目部上的钢材出售，侵犯了项目部的权益，因此周某的行为应认定为职务侵占罪。

第三种意见认为，周某的行为构成诈骗罪。诈骗罪的基本构造为：行为人实施欺骗行为—受骗方产生错误认识—对方基于错误认识处分财产—行为人或第三人取得财产—被害人遭受财产损失。本案中，周某作为该项目部的实际施工人，以"渝海公司"的名义虚构钢材使用量的事实，使富利公司作出错误认识向项目部提供了超量钢材，周某将就骗得的多余钢材占为己有，并向他人出售获得了非法利益，符合诈骗罪的特征。

三、评析观点

笔者同意第三种意见，即周某的出售钢材并将钢材款占位己有的行为构成诈骗罪。

（一）本案中犯罪嫌疑人周某的行为不构成盗窃罪

盗窃罪的主要手段是秘密窃取，即行为人采取自认为不使物主发现的方法暗中窃取，最初的手段就是非法的，表现方式为：秘密窃取—占有，即"非法获取 + 非法占有"。本案中周某从行为开始是以欺诈的方式使富利公司陷入错误的认识进而多拨钢材给渝海公司，周某的行为显然符合诈骗罪的特征，排除了盗窃罪的可能性；之后周某将工地上剩余的钢材私自出售并将出售的钢材款非法占为己有，因该钢材是由渝海公司管理和使用，所以周某行为的特征是合法持有再非法占有，因此周某私自出售钢材的行为不符合盗窃罪的特征。

（二）周某的行为同时符合诈骗罪与职务侵占罪的构成要件

本案中周某从开始便以"渝海公司"的名义向富利公司虚构钢材使用量，使富利公司陷入认识错误，富利公司基于对钢材使用量的错误认识，向渝海公司多提供了钢材，使渝海公司受益，虽然富利公司与渝海公司没有就剩余钢材的归属进行约定，但是富利公司基于错误认识在提供钢材的时候，其提供的这部分钢材显然不属于"剩余钢材"，而是工程需要的正常钢材量，因此富利公司遭受了损失。虽然在这个过程中，周某自己并没有直接受益，但是其行为使渝海公司受益，属于使第三方受益的诈骗行为。从周某主观故意和目的来看，周某故意虚构钢材使用量，其目的不是保证工程进度，也没有在工程结束后归还的意思，而是通过其负责工程项目的职权便利直接将多收的这部分钢材出售，其主观非法占有目的非常明确。因此其行为构成诈骗罪。

本案中富利公司与渝海公司签订的合同中并未对剩余钢材所有权进行约定，从民事法律关系认定，富利公司在按照合同将钢材提供给渝海公司，渝海公司虽不具有钢材所有权，但是要履行合同附随义务，应当对钢材进行妥善保管。按照职务侵占罪的规定，侵占的对象是本单位的财物，从法律属性上分析，本单位的财物不仅指单位所有的财物，还包括单位"持有"的财物，即本单位按照法律规定或者契约约定临时管理、使用、运输的他人财物。本案中，与富利公司发生法律关系的是渝海公司，富利公司虽然陷入认识错误，但是其是基于契约关系向渝海公司提供钢材，其多提供的钢材由渝海公司按照契约持有，而非直接由周某持有。渝海公司内部承包人凌某私自将项目转包给非公司员工周某，使周某成为项目的实际负责人，虽然周某不是渝海公司的员工，但是其在该项目中享有管理权，对外仍以渝海公司的名义行使权利，并以项目部印章行使管理权，从实质解释的角度，周某实质上属于职务侵占罪中规定的"公司、企业或者其他单位的人员"。因此，周某利用自己管理渝海公司该项目的职务便利，将渝海公司持有的钢材出售并将出售所得占为己有，其行为构成职务侵占罪。

（三）从吸收犯的特征进行分析，职务侵占行为被诈骗行为吸收

吸收犯的数个行为之间必须具有吸收关系，一个犯罪行为之所以能够吸收其他犯罪行为，是因为这些犯罪行为通常属于实施某种犯罪的同一过程，彼此之间存在着密切的联系，前一犯罪行为可能是后一犯罪行为发展的所经阶段，后一犯罪行为可能是前一犯罪行为发展的自然结果。本案中周某从开始便以虚构事实欺骗富利公司向渝海公司多提供钢材，其在非法获得钢材后必然利用自己的职权将多提供的钢材非法占为己有。两个行为缺一不可，是紧密联系的。周某采用虚构事实的方式骗取富利公司多拨钢材时就有把骗得的钢材出售并将钢材款非法占为己有的目的，因此其将工地上的钢材私自出售并将钢材款占为己有是周某诈骗富利公司这个行为的必然结果。从吸收犯的角度看，由诈骗行为吸收职务侵占行为更为合适。

四、处理结果

本案经重庆市渝中区人民检察院审查后认为，犯罪嫌疑人周某采用虚构事实的方式骗取富利公司钢材的行为构成诈骗罪，同时，其利用职务之便私自出售钢材并将钢材款占为己有符合职务侵占罪的构成要件，但是后一行为被前一行为吸收，后一行为是前一行为发展的自然结果，因此以诈骗罪批准逮捕周某。

（重庆市渝中区人民检察院　艾民）

12. 吴某诈骗案

——藏匿出借摩托车再索赔是盗窃还是诈骗

一、基本案情

被不起诉人吴某，男，1974 年出生，农民。

2010 年 9 月 11 日，刘某借了为自家搞装修的吴某的渝 GV5969 两轮摩托车（嘉陵 JH150 型）外出办事。办完事后，刘某将车骑回犯罪嫌疑人吴某原停放处（某中学教师宿舍底楼），上楼找吴某归还钥匙，未找到吴某，便出去吃饭，摩托车仍旧放宿舍楼底楼。当日上午 11 时许，吴某看到自己的摩托车停在原停放地，便趁无人之机，用砖头砸坏摩托车车锁，采用搭线方式将摩托车开走，然后返回原地给刘某打电话询问摩托车是否骑回。刘某回答车已停在原地，并让妻子将车钥匙送交吴某。吴某就称停车处并无他的摩托车，要求刘某赔偿丢失摩托车的损失，刘某答应折半赔偿 3000 元人民币。之后，刘某带着吴某到派出所报案。吴某当晚将车骑回家中，由于害怕被公安机关查到，就将车拆卸后以废铁卖掉，获款 280 元。事后，因刘某已经报案，吴某一直不敢找刘某要赔偿的 3000元钱。数月后案发。

经鉴定，该摩托车价值人民币 5977 元。

二、意见分歧

关于本案的定性，存在两种意见：

一种意见认为，吴某的行为构成盗窃罪。理由是吴某实施了盗窃和诈骗两个行为。第一，吴某将摩托车开走的行为属于盗窃行为。刘某将摩托车停在原地，并不能视为已经将摩托车归还给吴某。该观点认为摩托车的交付需以钥匙的交付为必要条件，理由为不交付钥匙摩托车无法正常使用，即失去使用价值。基于该前提条件，该观点认为摩托车仍然为刘某占有之物，刘某负有控制和保管摩托车的权利和义务。吴某在刘某不知情的情况下，采用砸锁搭线的方式将自己的摩托车盗走，其行为属于采取秘密窃取的方式盗窃他人合法占有和控制的财物，系盗窃行为。第二，吴某谎称摩托车丢失要求索赔的行为属于诈骗行为。吴某藏匿摩托车后找到刘某索要摩托车，迫使刘某基于错误的认识而作出了赔偿承诺。吴某的该行为属于诈骗行为。第三，吴某的行为属于牵连犯。牵连犯是指犯罪的手段行为或者结果行为，与目的行为或原因行为分别触犯不同罪名的情况。即在犯罪行为可分为手段行为与目的行为时，如手段行为与目的行为分别触犯不同的罪名，便成立牵连犯。吴某在盗走摩托车之后找刘某索要金钱的行为又符合诈骗罪的构成要件，即吴某实施了盗窃和诈骗两个行为，分别触犯了盗窃罪和诈骗罪。盗窃是吴某实施诈骗的手段行为，诈骗（未遂）是结果行为，属于牵连犯。根据刑法理论界通说对于牵连犯应从一重处罚的原则，对吴某应当以盗窃罪论处。

另一种意见认为，吴某的行为构成诈骗罪。吴某看见自己的摩托车已停回原处时，完全有权处置自己的摩托车，对自己所有又合法控制的财物，就不存在盗窃的基础和前提。吴某采取虚构事实、隐瞒真相的方法诈骗刘某的钱财，对其行为应以诈骗罪定性。

三、评析观点

笔者同意第二种观点，吴某的行为构成诈骗罪。

盗窃是指以非法占有为目的，秘密窃取数额较大的公私财物或者多次秘密窃取公私财物的行为。盗窃罪侵犯的客体是公私财物的所有权。所有权包括占有、使用、收益、处分等权能。那么，此时摩托车是否仍旧由被害人刘某占有和控制，成为吴某行为能否构成盗窃罪的关键。笔者认为，本案如何定性，关键在于如何理解控制权的转移。

其一，吴某是否取得摩托车控制权？吴某将自己所有的摩托车借给刘某使用，是无偿的民事借用关系，刘某有及时归还的义务。根据民事法律关系诚实信用原则，刘某将摩托车停在原地，虽然未交付钥匙于吴某，且尚未履行告知义务，属于有瑕疵的交付，但摩托车的归还不以钥匙交还为标准，更不以钥匙交还等行为的发生作为控制权转移的标准。钥匙的交付仅仅是保证摩托车能够正常运转的充分条件，摩托车本身的财产价值并不因为钥匙交付而丧失。刘某将摩托车归还至原处，吴某主观上已经知晓摩托车已经归还的事实，客观上摩托车也处于吴某可支配控制的范围之内，此时摩托车的控制权已经转移，并且是合法控制和有权控制。钥匙的交付，即正常使用价值的实现并非吴某控制占有摩托车的必要条件，其已经当然地占有摩托车。吴某完全有权处置自己的摩托车。

其二，吴某的行为是否属于盗窃？盗窃须以秘密窃取的手段取得他人财物。本案中吴某虽然采取砸锁搭线的方式将摩托车开走，但这只是吴某行为的客观表现，吴某已经明知刘某将摩托车归还，其利用刘某履行归还义务时的瑕疵，基于诈骗的目的，隐匿自己的摩托车，是对自己合法占有物且已取得实际控制权的财物的处分，对自己合法占有物之处分不符合盗窃罪的构成要件，不能构成盗窃罪，因而不存在以盗窃为手段，以诈骗为目的牵连关系。

其三，关于吴某行为的定性。吴某客观上只实施了一个行为，即诈骗行为。其主观目的是诈骗刘某钱财，在该犯意的支配下实施了将其自己能够控制的摩托车开走后，给刘某打电话，以谎称未收到摩托车的手段欺骗刘某，使得刘某基于错误的认识作出了承诺赔偿的决定，但因刘某及时报案，吴某害怕，不敢索取刘某的钱财，因此人吴某的行为属于诈骗未遂。根据《刑法》第 266 条和最高人民法院、最高人民检察院《关于办理诈骗刑事案件具体应用法律若干问题的解释》第 5 条，诈骗未遂，以数额巨大的财物为诈骗目标的，或者具有其他严重情节的，应当定罪处罚。吴某的诈骗数额没有达到"数额巨大"的标准，其将摩托车拆卸以废铁卖掉，最终财物利益受损的是吴某自己，不具有其他严重情节，因此情节显著轻微，不构成犯罪。

四、处理结果

本案经重庆市涪陵区人民检察院审查，认为吴某在已经实际取得摩托车控制权的情况下，采用隐瞒真相的手段企图诈骗刘某的钱财，其行为属于诈骗行为。由于吴某实施诈骗时，刘某及时报案，吴某害怕，不敢索取刘某的钱物，属于诈骗未遂。依据《刑法》第 266 条和最高人民法院、最高人民检察院《关于办理诈骗刑事案件具体应用法律若干问题的解释》第 5 条以及《刑事诉讼法》第 15 条，对吴某作出不不起诉决定。

（重庆市涪陵区人民检察院　朱丽沙）

13. 邓某诈骗案

——诈骗类犯罪中三角诈骗之认定

一、基本案情

被不起诉人邓某，女，1963 年出生，农民。

2009 年 6 月 30 日，邓某在本社田埂上拾得邻居王某存有 2000 元人民币的存折和王某的身份证后，于当天下午，持王某的存折、身份证和自己的身份证到重庆市农村商业银行某分理处，假冒王某的儿媳，将王某存折上的 2000 元人民币存款和 5.5 元利息取走后另存入自己的邮政储蓄账户。同年 7 月 4 日，经王某儿子要求并在村社干部的教育下，邓某退还了王某 2000 元现金和 5.5 元利息。

二、意见分歧

对于邓某的行为如何定性、是否构成犯罪、构成何种犯罪，存在三种不同的意见。

第一种意见认为，邓某的行为只是民法上的不当得利，不构成犯罪。就整个案件事实来说，就是被害人失了 2005.5 元钱，嫌疑人得了这 2005.5 元钱，嫌疑人得这 2005.5 元钱是按照银行规定的储户支取要件操作的，出示了被害人存折、身份证和自己的身份证，不存在违反刑法要求，非法取得他人财物的行为。但邓某取得财物没有法律上受利的理由，故构成民法上的不当得利，在失主要求返还财物时，邓某返还了取得的财物，亦不存在侵占的犯罪事实，邓某的行为不构成犯罪。

第二种意见认为，邓某的行为构成犯罪，为盗窃罪。该案的实际受害人、2005.5 元人民币的实际所有人是王某不是银行，邓某在王某不知情的情况下，采取符合银行取款手续规定的行为，在违反财物所有人王某意志的情况下，秘密（相对于王某）从银行将属于王某的钱取走，转归自己所有、支配，符合盗窃罪的构成特征，且数额已达 800 元的立案起诉标准，构成盗窃罪。

第三种意见认为，邓某的行为构成犯罪，为诈骗罪。《储蓄管理条例》第 29 条规定：未到期的定期储蓄存款，储户提前支取的，必须持存单和存款人身份证明办理；代储户支取的，代支取人必须持其身份证明。条例上虽未明确列明，代储户支取需储户真实意思表示，但规定需要代取人身份证明，则说明银行实质要求这种委托代理关系是真实意思表示，并在将来发生不真实意思表示时有回转的可能。本案中，邓某显然未取得被害人代取的真实意思表示，而是编造被害人儿媳的身份信息（有权限的代理人），才凭"三证"顺利地从银行取出存款，其行为符合诈骗罪虚构事实、隐瞒真相的客观要件，构成诈骗罪。

三、评析观点

笔者同意第三种意见，邓某的行为构成诈骗罪。本案争议的焦点有二：一是邓某的行为是否构成犯罪，二是构成盗窃罪还是诈骗罪。

（一）邓某的行为具备值得科处刑罚的法益侵犯性，应当以犯罪论处

第一种意见对邓某行为的性质认识存在错误。刑法法谚云："法律不理会琐碎之事。"[①] 刑法本身性质决定了其具有补充性、谦抑性的属性，当其他法律不能充分保护法益，刑法才以其严厉的制裁方法进行调整和保护，故刑法在法律体系中处于保障法的地位。民法和刑法是不同的部门法，二者不以调整范围为区别标准，而以调整方法分野，故同一行为当然可能同时面临在民法和刑法上的评价，如一行为属于民法上的侵权行为、不当得利并不妨碍其在刑法上的盗窃、诈骗评价。邓某排除权利人王某，将王某数额较大的财物以自己所有的意思进行支配的行为，已经超出民法

---

① 张明楷：《刑法格言的展开》，法律出版社 2003 年版，第 98 页。

的调整范围，适用民事制裁已经不足以保护法益，值得动用刑罚处罚。虽经要求返还了财物，但违法是客观的，行为对法益的侵害已然造成，不因财物的返还而消灭。返还赃物的行为，只能作为量刑情节考虑。

（二）邓某的行为不构成盗窃罪

根据刑法规定，盗窃罪，是指以非法占有为目的，窃取他人占有的财物，数额较大，或者多次盗窃的行为。所谓窃取，即指违反权利人意志，将他人占有之物转移为自己或第三者占有。① 盗窃罪的对象必须是己外他人占有之物，对自己占有的物不可能成立盗窃。本案中邓某不构成盗窃罪：邓某冒名取款的行为虽然违反被害人王某的意志，但王某显然没有占有涉案财物；银行虽占有涉案财物，但如同持第二种意见的论者所言，邓某盗取王某存款的过程符合银行取款手续规定，取款的行为并没有违反银行的意志。质言之，如果肯定盗窃罪的成立，就不可能存在权利人（包括占有者）的处分行为。这是下文将要讨论的诈骗罪与盗窃罪的重大区别。另外，第二种意见认为，邓某盗取王某存款的过程符合银行取款手续规定，故而银行职员并没有受骗，笔者对此持相反意见。邓某在取款过程中虽出具了权利人王某的存折和身份证，银行也是基于法律上的代理权处分存款，但论者恐怕也不得不承认，银行的取款手续规定也是为了便于操作，整个取款过程并不符合权利的真实状态，权利的变更也并非真正权利人王某的真实意思；并且邓某冒充王某的儿媳（有权限的代理人），更是虚构事实、隐瞒真相的一部分，这也是使得银行相信其有代理权限的因素。银行不明真实权利人的意志，因邓某的欺骗行为陷入错误，基于该错误作出瑕疵的财物处分，使得权利发生违反真正权利人意思的变更，故而银行实际受骗。

（三）邓某行为构成诈骗罪的原因分析

1. 邓某的行为符合诈骗罪的构成要件

诈骗罪，是指以非法占有为目的，骗取他人财物，数额较大的行为。本罪客观要件是骗取他人财物，数额较大。骗取，是指虚构事实、隐瞒真相，对权利人进行欺骗，使之陷入错误，进而基于瑕疵的意思进行财物的处分，从而获得财物；主观要件是故意，且要求以非法占有为目的。非法

---

① 张明楷：《刑法学》，法律出版社 2011 年版，第 877 页。

占有为目的，是指排除权利人，将他人之物作为自己（或第三人）之物，按照物上之权能进行利用的意思。本案中嫌疑人邓某虚构了被害人王某儿媳的身份，并利用被害人存折、被害人身份证、自己身份证等银行要求的代取储户现今要件，虚构代理关系，让银行产生了错误认识，作出了错误的权利处分，是为骗取他人财物；事后，邓某将取出的2000元存款和5.5元利息取走后另存入自己的邮政储蓄账户，是为非法占有的故意。

盗窃罪与诈骗罪同属传统型财产犯罪，就其相同点而言，主观上二者都以非法占有为目的，客观要件上都要求排除权利人，对物建立新的支配关系。但之所以为"盗"，是为财物的取得违反权利人意志，权利人并没有基于意思（真实与否在所不问）对财物进行处分；而之所以为"骗"，则是指行为人对权利人进行欺骗，导致其错误地处分财物。二者的区别在于财物的取得是否违反权利人的意志，权利人是否作出财物的处分。从犯罪类型上看，盗窃罪与诈骗罪是排斥关系，一个行为不可能同时成立盗窃罪与诈骗罪——权利人不可能既处分了财物又没有处分财物。从犯罪构造上看，二罪都有其不同于彼此的本身特点，诈骗罪更有其特殊构造。但诈骗罪是否限定于二者间诈骗（当事人仅为行为人与被害人），则是下述三角诈骗所要讨论的问题。

2. 邓某的行为属诈骗案中特殊的三角诈骗

所谓三角诈骗，是指诈骗罪中被骗者（处分人）与被害人不一致的情况。笔者认为，对诈骗罪构成要件作实质合理的解释，可以将三角诈骗作为诈骗罪的一种表现形式。

犯罪是违法且有责的行为类型，是刑法将值得科处刑罚的行为予以类型化的法律形式。对犯罪构成要件的解释，应当以罪刑法规各本条为依据；同理，对构成要件要素的确定，亦应当以实定法的规定为依据。对诈骗罪的构成要件及其要素可以进行合法的、合目的的解释。第一，形式上看，法律规定并没有明确将诈骗罪限定为二者间诈骗，根据刑法保护法益的目的和任务，在法律的文理范围内，解释者应当尽可能地将构成要件解释至足以涵摄侵犯该罪刑法规所保护的法益之一切行为。这从形式上肯定了三角诈骗存在的文理空间。第二，从实质上看，在法益侵犯性上三角诈骗与二者间诈骗没有任何区别，将三角诈骗确定为诈骗罪的表现形式之一有实质的、合目的的理由。第三，实践中也存在大量三角诈骗的情况，适用三角诈骗的理论，更有利于处理实际问题，避免处罚漏洞。

三角诈骗与普通诈骗的特殊之处在于受骗者与被害人不具有同一性。本案即是适例：行为人邓某对银行进行欺骗，导致银行兑现存款，而最终被害人是权利人王某。如前所述，将三角诈骗确定为诈骗罪的一种形式有充分的理由。但如何将诈骗罪与盗窃罪间接正犯区别开来，这就对受骗者本身的地位、权能提出了要求。例如，A 在公交车上趁 B 熟睡，对不知情的 C 谎称 B 的电脑为其所有，C 信以为真，遂将 B 之电脑交予 A（以下简称电脑案）的情形，由于 C 没有处分 B 之财物的地位与权能，A 利用不知情的 C 实施侵害 B 财产权利的行为，支配了构成要件的实现，案中 C 相当于工具的边缘角色，故 A 成立盗窃罪的间接正犯。之所以将邓某的行为认定为诈骗而非盗窃，关键在于本案中受骗人银行不同于电脑案中的 C，其在法律上具备对王某财物的处分权限。根据《储蓄管理条例》第 29 条之规定，银行（受骗人）对被害人王某的财产有依据金融凭证等支付现金之法律上代理权，必然具有处分被害人财产的地位或权限。可见，三角诈骗与盗窃罪间接正犯的区别在与受骗人是否有可处分财物的地位或权能。概而言之，在受骗人（处分人）与被害人不一致的情况下，前者必然具备对后者财物进行处分的地位或权限，如此三角诈骗即符合诈骗罪犯罪类型之经典构造，方能以诈骗罪涵摄。

本案中邓某的行为属于三角诈骗的特殊诈骗形式，完全符合诈骗罪的构成要件：邓某持权利人王某的身份证、存折，冒充其儿媳（有法律上权限之代理人），这符合通说"虚构事实、隐瞒真相"的要求；银行因邓某的欺骗行为陷入其为有权限代理人的错误，且在此错误基础上处分了财产，兑现了存款；邓某获得了财物，王某丧失了财物。这一过程符合"行为人实施欺骗行为—对方产生且持续认识错误—对方基于错误认识处分（或者）交付财产—行为人（或第三者）获得财物—被害人遭受财产损失"的经典构造和发展过程，故对邓某应当以诈骗罪追究其刑事责任。

四、处理意见

本案经重庆市潼南县人民检察院审查，认为邓某的行为情节显著轻微，危害不大，作出不起诉决定。

（重庆市潼南县人民检察院　尹红波）

邓某诈骗案

14. 王某侵占案
——银行自动柜员机中的财物属性

一、基本案情

被不起诉人王某，男，1970 年出生，某煤电公司工人。

2011 年 6 月 30 日下午 15 时许，王某到中国工商银行綦江支行打通分理处自动柜员机准备取款，此时，綦江区石壕镇青萍村村民吴某某正在自动柜员机上为其儿子打款，王某便在吴某某后面等待取款。由于吴某某不会操作自动柜员机，便请来保险公司在该分理处做业务的工作人员陈某某帮忙操作。当吴某某在陈某某指导下将 1000 元人民币放入柜员机放币盒内后，该盒自动关闭，等待柜员机验证时，陈某某有事离开，吴某某因未按柜员机确认键，即以为操作完毕，便离开了柜员机。王某随即上前在同一台柜员机上插卡取款时，但无法插卡，立即按返回键取消操作，柜员机放币盒自动打开，王某见该盒内有 1000 元现金，遂将该款拿走。当晚，吴某某打电话询问其子，是否收到此款，其子称未收到款。次日，吴某某到银行查询，此款确实未打到儿子账上。通过银行监控录像，发现钱被王某拿走。随即向公安派出所报案。派出所找到王某后，王某主动交出了此款。

二、意见分歧

本案中，对于王某行为的行为性质及是否构成犯罪问题上产生了分歧意见。

第一种意见认为，钱款是在受害人吴某某与银行的交易过程中丢失的，银行与吴某某之间存在代为保管关系，该钱款的所有权人虽为吴某某，但银行是实际保管人，王某采用秘密窃取的方式取得银行代为保管的他人财物，其行为属于盗窃行为，并且数额较大，应当认定为盗窃罪。

第二种意见认为，该钱款应当属于遗忘物，符合遗忘物的特征，现有证据只能证实王某的非法占有的主观故意是在取得 1000 元现金之后，不能推断其之前有非法占有的目的，相当于拾得他人钱财后的拒不交还的侵占行为，应定性为侵占，由于数额不大，不构成犯罪。

第三种意见认为，根据王某的供述及其取钱的过程，王某是熟知自动取款机的操作流程的，其点返回键的行为就是冒用吴某某的个人信息的行为，换言之，王某取得钱财的核心手段是通过冒用他人信息取得，所以王某的行为应定性为诈骗。鉴于王某诈骗金额未达到数额较大的标准，主观恶性和社会危害性较小，不应认定为犯罪。

三、评析观点

王某的行为应当认定为侵占行为，鉴于数额不大，不应当认定为犯罪。

（一）盗窃罪、侵占罪、诈骗罪之间的区别

这三种罪都属于侵财性犯罪，侵犯的客体都是公私财物所有权制度，主观方面都是故意犯罪，都以非法占有为目的。但三者在犯罪对象和客观方面存在差别。

在犯罪对象方面，侵占罪限定为保管物、遗忘物或者埋藏物。所谓代为保管的他人财物，是指通过他人委托或依照契约或有关规定而为他人收藏、管理的财物。所谓他人的遗忘物，是指出于自己的本意，本应带走却因遗忘没有带走的财物，如买东西将物品忘在柜台上，到他人家里玩将东西遗忘在别人家里，乘坐出租车把财物遗忘在出租车里等。遗忘物不等于遗失物。后者是失主丢失的财物，失去对财物的控制时间相对较长，一般也不知道丢失的时间和地点，拾捡者一般不知道也难以找到丢失之人。而遗忘物，则是刚刚、暂时遗忘之物，遗忘者对财物失去

的控制时间相对较短，一般会很快回想起来遗忘的时间与地点，回来寻找，而拾捡者一般也知道遗忘者是谁。遗忘物也不同于遗弃物。后者则是所有人或保管者不再需要而基于自己的意志加以处分而抛弃的财物。所谓埋藏物，是指为隐藏而埋于地下之物，如埋在自己院子里的钱财、埋在坟墓中的金银珠宝等。埋藏物不同于地下的文物。后者年代久远，具有历史、文化、科学、艺术价值，一般应属于国家所有。在这里的他人仅指公民个人，不包括国家或单位。国家、单位之物基于委托或其他原因而由他人代管的，行为人如果非法占为己有，则应构成贪污罪或者职务侵占罪。至于埋藏物，国家和单位一般不会为了隐藏而埋于地，因此，不会存在本罪意义上的埋藏物。而诈骗和盗窃对犯罪对象则无特别要求，只要是具有一定经济价值的公私财物即可。

在客观方面，盗窃强调的是将他人持有和控制的公私财物，通过积极和平的行动，使财物脱离持有人和保管人，达到非法占为己有的目的，手段中不含有暴力成分；侵占强调的是行为人将已经通过正当、善意、合法的手段持有和控制他人财物据为己有的行为，并且拒不交出、拒不退还的行为，其包括两个密不可分的行为特征，即合法持有和非法侵吞；诈骗强调的是行为采用虚构事实或隐瞒事实真相的方式，使被害人陷入错误认识，并作出行为人希望的财产处分行为。欺诈行为的手段、方法没有限制，既可以是语言欺诈，也可以是动作欺诈，既可以是作为，也可以是不作为，即有告知某种事实的义务，但不履行义务，使被害人陷于错误认识，自觉自愿地将财物交给行为人，而行为人正是利用被害人的这种错误认识取得财产。

结合本案，由于王某是在自动柜员机上实施该行为，而非银行柜台，自动柜员机是一种机器，其不存在自主意识，更不会基于错误的信息而产生错误认识，作出行为人希望的处分行为；而且本案使用现金转账，如果被害人能正确操作柜员机，待柜员机验钞完毕后，按了确认键，那么柜员机将会立即打印出转款的相关票据。在本案中，行为人既未虚构事实，也未隐瞒事实真相，因此，其不构成诈骗罪。且现有证据只能证实犯罪嫌疑人王某的非法占有的主观故意是在取得1000元现金之后，不能推断其之前有非法占有的目的，故不能认定为盗窃罪。

（二）本案中的钱款是否属于遗忘物

遗忘物作为侵占罪的法定对象之一，是指财物的所有人或持有人有意识地将财物放在某处，因一时疏忽忘记拿走，而暂时地失去控制的财物。遗忘物须有如下构成要件，即为他人之物；须为动产；遗忘人非出于本意的散失；须非隐藏物。其还要求遗忘人知道物之所在，且遗忘的时间较为短暂，回忆起后，会返回寻找；拾得人也能够意识到原物所有人是有意放在这里的。本案中，该钱款的所有权人毫无疑问是吴某某。吴某某主观上也不存在抛弃的意思，而且该钱款失去控制的时间短，其知道财物遗忘的时间、地点后，返回银行查询；而拾得人也知道财物是谁的，所有人并非抛弃或放弃所有权。因此，该钱款应当属于遗忘物。

（三）王某行为的定性

现有证据只能证实犯罪嫌疑人王某的非法占有的主观目的是在取得1000元现金之后，不能推断其之前有非法占有的目的，其更符合侵占罪中拾得遗忘物的行为，但侵占罪要求行为人占有财物后拒不交还，且数额较大。而本案中王某数额不大，在找到他后，能如数退还，其主观恶性和社会危害性都比较小，不应当认定为犯罪。

四、处理结果

本案经重庆市綦江区人民检察院审查，认为王某的行为属于侵占行为，情节显著轻微，危害不大，不构成犯罪，作出不起诉决定。

（重庆市綦江区人民检察院　李会欣）

15. 游某侵占案

—— 侵占行为和盗窃行为应如何区分

一、基本案情

犯罪嫌疑人游某，男，1994 年出生，重庆某职业中学在校学生。

游某于 2011 年 8 月到被害人卿某经营的飞饼店打工。卿某为经营方便，在本区小龙坎民主苑租赁了 6－1 和 6－2 两套相邻的住宅，其中 6－1 房用于自己和家人居住，6－2 房用于游某及其他员工居住。2011 年 10 月 2 日 23 时许，卿某到 6－2 房与游某和其他员工打牌至次日凌晨 3 时。卿某返回 6－1 房时将随身携带的挎包遗忘在了 6－2 房的凳子上。游某发现该挎包，打开后见内有现金 23700 元后，遂产生从中窃取部分现金的念头，于是将其中 800 元藏于自己的枕头下。卿某返回 6－1 房后发现挎包遗忘在 6－2 房即返回取挎包。在卿某返回打开 6－2 房间门时，游某刚将 800 元藏在枕头下，尚未来得及将剩余的 22900 元放回挎包。卿某进入房间取走挎包回到 6－1 房。卿某回到 6－1 房后，发现挎包拉链被人打开且钱被人拿走，遂再次返回 6－2 房。这时游某惊慌之下不及去取枕头底下的 800 元，而是身藏剩余的 22900 元逃离房间。卿某正好看见游某逃离现场，于是认定是游某取走了钱，即给游某打电话和发短信要求还款。当日凌晨，游某主动归还了22700元现金，余1000元未归还即被卿某等人抓获扭送至公安机关。案发后，游某的父亲退赔了余下款项。

二、意见分歧

针对本案游某的行为，有以下三种不同意见：

第一种意见认为，游某的行为构成盗窃罪。被害人卿某虽将挎包遗忘于员工宿舍，但依案情，卿某本人持有该宿舍的钥匙，可以自由进出，所以挎包并没有脱离卿某的控制范围，卿某返回员工宿舍取走挎包也并不需要游某同意，游某对挎包没有保管义务。而游某在发现卿某将挎包遗忘在宿舍后，以非法占有为目的，在被害人卿某不知情的情况下秘密窃取现金并带离现场，符合盗窃罪的构成要件。因此，游某构成盗窃罪。

第二种意见认为，游某的行为构成侵占罪。虽然卿某有员工宿舍的钥匙，可以自由进出，但不能由此排除游某基于"在宿舍内居住"的事实而可以对卿某遗忘的挎包进行合法保管的"权利"。对于卿某来说，在其第一次离开员工宿舍时，将挎包遗忘在员工宿舍，这实际上已经使自己失去对挎包的控制，虽然在很短的时间内卿某又返回员工宿舍并取回挎包，但在尚未取回挎包的这一段时间，游某对挎包的占有属于基于保管权利的合法控制。而游某先将800元藏于枕头下，又将剩余22900元带离现场的行为其实质是以窃取的形式拒不归还保管的遗忘物。因此，本案游某属于对遗忘物的拒不归还，构成侵占罪。其后发短信归还财物构成退赃。

第三种意见认为，游某的行为不构成犯罪。如上述第二种意见，游某行为的性质是侵占而不是盗窃，但在被害人卿某要求时，游某及时归还了财物，不存在"拒不归还"，因此，游某不构成犯罪。

三、评析观点

对于本案，笔者同意上述第三种意见。具体分析如下：

就犯罪的成立来说，有侵占行为不一定构成侵占罪，有盗窃行为也不一定构成盗窃罪。前者如主动归还的侵占，后者如数额不够（定罪标准）的盗窃。但侵占行为和盗窃行为一定是构成侵占罪或盗窃罪的必要条件。因此，正确区分侵占行为和盗窃行为对于这两罪的正确认定具有重要意义。

（一）财物"占有"是否有"合法根据"是区分侵占和盗窃的关键

盗窃后对财物的占有必然是一种非法占有，因为盗窃行为本身就是违法的，这种占有的非法性不是因为实施盗窃时犯罪人有非法占有财物的目的，而是因为盗窃行为本身就是违法的，被法律所不允许的。而侵占罪中对财物的占有，在取得占有权时是有合法根据的，即便行为人在占有时或之前就有非法占有的目的，但仍不能排除取得占有权的"根据"的合法性。

我国刑法规定的侵占罪，是指将代为保管的他人财物非法占为己有或将他人的遗忘物或者埋藏物非法占为己有，且数额较大的行为。依此，侵占罪的构成公式可以归纳为"合法取得占有＋拒不归还"，其中合法取得占有是构成侵占罪的前提条件，拒不归还是构成侵占罪的具体形式。如果不是合法取得对财物的占有的，如盗窃、抢夺或抢劫，这时的拒不归还当然不构成侵占罪中的侵占。①

在刑法规定的侵占罪两种行为模式上，"代为保管他人的财物"是基于他人的授权而"合法"取得对财物的占有；占有"他人的遗忘物或者埋藏物"，是基于民法上的无因管理而"合法"取得对财物的占有。这种合法取得的占有，可以理解为占有人基于一定的合法根据而享有的占有财物的权利。在"代为他人保管"的情况下，行为人接受了他人的委托，这时的占有是一种授予的权利；在遗忘物和埋藏物的场合，则是基于无因管理产生的占有权利，当然行为人可以自由选择"无因管理"或"无因不管理"，不管哪种选择都不违法。

如果将"占有"理解为一种权利，将财物归还合法所有人就是占有人的义务。如果拒不归还或者"非法占为己有"（实际上还是拒不归还），则违背了归还义务，再加上"数额巨大"的量的条件就可以构成侵占罪。

综上，侵占罪中的侵占应是有合法根据的占有。而盗窃罪中的盗窃则恰恰相反，是完全无权的占有。占有是否有"合法根据"是侵占和盗窃的根本区别。显然，本案中游某对卿某遗忘财物的占有就有合法根据，因为基于在房间内居住的事实，游某自然对他人遗忘在房间内的财物有

---

① 这种情形不单独构成犯罪，只是盗窃、抢夺或抢劫罪危害后果的持续，在定性上被前述犯罪吸收。

占有的权利，这是一种无因管理。因此，本案游某只可能构成侵占罪而不能构成盗窃罪。

（二）对侵占罪中"占有"的正确理解

首先，作为侵占罪的占有是有"合法根据"的占有，但不一定是合法占有。侵占罪的行为人，有可能在占有时尚未有拒不归还的恶意，也有可能之前就有此恶意。如果行为人在取得占有时就已经有拒不归还的非法目的，这种占有因主观上的非法性而非法，但占有权的取得依然是合法的。比如，行为人对代为保管的财物觊觎已久，在所有权人托其保管时就决定不再归还，这时这种以非法占有为目的的占有当然不合法，但此时占有的取得却是合法的。那么，这种逻辑是不是推出了"合法取得的占有却不合法"这样的悖论呢？答案是否定的。所谓合法取得的占有，是相对于占有状态来说，指行为人对财物的占有状态有着合法的根据，这一"根据"是合法的；所谓不合法的占有，是相对于行为人来说的，虽然他占有财物有着合法的根据，但基于他本来就有的非法目的，他实施出来的占有则是不合法的。这是在两个层面讨论问题，实质上并不矛盾。

其次，侵占罪的占有不要求行为人一定有对财物的身体上的直接占有（如随身携带）。[①] 只要是行为人有占有的意识，且财物处于行为人可实际控制的范围之内即可。一是涉及财产权利凭证时的占有。如支票所有人将支票委托行为人保管，行为人却擅自将支票交给第三人消费的。二是涉及第三人占有的占有，即民法上所谓的间接占有。如笔记本电脑的所有人在已将电脑借于第三人使用时，委托行为人代为将电脑取回保管并已通知第三人知晓，但行为人却指使第三人将电脑卖掉，则行为人自始至终没有接触过电脑却依然可以构成侵占罪。这一案件中，只要委托人授予行为人保管的权利并通知第三人知晓，即已完成了侵占罪中财物的"占有"转移。三是因特定情况下"被动"取得的占有，如出租车司机对后排乘客遗忘财物的占有。只要乘客下车，遗忘成立，即便出租车司机没有回身接触财物，也已经"被动"地实现了对财物的占有。又

游某侵占案

---

① 张明楷教授认为，"民法上某些观念占有也有可能被认定为刑法上的占有，但民法上的观念占有不一定都是刑法上的占有"。具体参见张明楷：《刑法学》（第四版），法律出版社 2011 年版，第 874 页。

如本案卿某将财物遗忘在游某居住的宿舍内。此时，游某并不需要身体直接接触财物就可以形成对财物的占有。

最后，侵占罪的占有不要求一定是独占占有。即作为侵占罪的占有可以由两人（或以上）共同占有，包括所有权人和其他人共同占有。如权利人同时委托两人共同保管的，其中一人的拒不归还可以就自己构成侵占罪。又如，租客和房东同住一室，对共用家电都有占有的权利，但租客将电视搬走并拒不归还的，就可以构成侵占罪。本案中卿某和游某对涉案财物都有占有的权利，卿某是基于所有权和持有房间钥匙，游某是基于遗忘物的无因管理和在房间内居住，这种"共管"并不妨碍游某侵占行为的构成。

（三）本案游某对卿某遗忘财物是一种有合法根据的"共管占有"

有观点提出，本案卿某持有房间钥匙，可以不经游某同意而自行取回财物，这说明游某对财物不存在占有的权利，故本案侵占罪的前提不成立，构成盗窃罪。但正如上文所述，本案中游某对卿某遗忘的财物是一种"共管"占有，即卿某虽然可以自行取回财物，但不能因此否定游某对财物的占有。只是在本案游某将财物藏在仅限于自己所能控制的范围之后，如藏于枕头低下或藏于怀中，则该财物演变为仅能由游某本人控制。卿某想要取回，一是游某归还，二是经过公权帮助，比如诉诸刑法。如果游某拒不归还，就构成了侵占罪。

（四）游某经要求归还财物，因此不构成侵占罪

综上，本案游某的行为是侵占行为，只可能构成侵占罪而不能构成盗窃罪。

有观点认为，游某将财物藏于枕头底下和随身带出，且在卿某返回房间时，游某能够意识到卿是回来取财物却置之不理逃出房间，这已经用行动表示了拒不归还，因此构成侵占罪；而且卿某通知公安机关抓获了游某，在抓获时尚有部分财物没有归还，因此第二天归还财物只能认定为退赃。

但在笔者看来，游某不构成拒不归还。首先，从主观恶性上讲，在卿某返回房间时，游某惊慌失措夺门而出，但这不表示游某不归还财物。在此时，游某虽有拒不归还的意图，但尚不坚定，回避卿某更多的是因为惊慌而不是恶意。其次，从客观危害上讲，在卿某的要求下，游某于

第二日顺利还款，并没有造成什么后果。至于没有及时归还的 1000 元，一来数额较小，二来随后由其父代为还款。最后，从执法效果上讲，将游某定侵占罪不利于对游某的教育改造。

四、处理结果

本案经重庆市沙坪坝区人民检察院提请重庆市人民检察院第一分院，第一分院认为游某不构成犯罪。最终，公安机关对该案予以撤销。

（重庆市沙坪坝区人民检察院　陈宏）

16. 曾某等破坏计算机信息系统案

——非法进行宽带提速的行为如何定性

一、基本案情

被告人曾某，男，1975 年出生，无业；李某，女，1972 年出生，网吧业务代理商；杨某，1977 年出生，重庆市电信有限公司数据通信分公司客户经理。

2006 年 12 月，曾某在其住家使用 ADSL 宽带上网时，发现电信公司服务器有漏洞，便利用该漏洞盗取了电信公司机房工作人员的用户名和密码，之后利用盗取的用户名和密码非法进入了电信公司的数据设备，利用自己"超级用户"的身份对数据进行修改和删除，从而达到对使用电信公司宽带的用户网络进行开通和提速的目的。之后，曾某便找到其曾经开办网吧的合伙人李某，告诉李某其在电信公司机房有朋友，可以私下为网吧开通和提速，要求李某为其寻找客户，私下操作后收取费用进行私分。之后，李某通过两种方式寻找客户：一种是通过自己的熟人关系找了 5 家网吧，另一种是通过电信公司各个片区的客户经理拉来客户。据李某的交代，其通过客户经理一共找来 31 家网吧进行了非法提速，其中通过江北区客户经理杨某找来 4 家网吧。进行非法操作时，李某告诉杨某其自己在电信公司机房有朋友，可以进行私下提速，杨某不清楚是曾某完成的这一非法操作，曾某也不清楚李某具体找了哪些客户经理。这种非法操作后，李某收了钱先与客户经理进行私分，之后与曾某再次分配。这种方式一直持续到 2007 年 7 月案发。

经查有 48 家网吧进行了非法提速，造成电信公司共计人民币 1689004.29 元提速费未收到账，其中杨某找来的 4 家网吧未到账的提速费共计人民币 137134.12 元。

二、意见分歧

本案中，曾某、李某、杨某的行为如何定性，存在以下三种意见：

第一种意见认为，曾某等 3 人的行为虽违反了国家规定，对电信公司网络计算机系统中存储、处理或者传输的数据和应用程序进行了修改操作，但并未造成该计算机系统无法正常运行，也未由此产生任何严重的后果，只是为电信公司增加了 168 万余元的网吧提速业务，而这笔提速费未能到账的主要原因是电信公司各个片区的客户经理在履行职责时，发现有网吧提速而不去追收提速费交回单位，而是折价收取提速费后予以侵吞，杨某构成职务侵占罪，而曾某和李某均系杨某的共犯，成立职务侵占罪。

第二种意见认为，虽然曾某实施了侵入电信公司的计算机系统，并实施了修改数据的行为，但计算机系统功能没有破坏，信息系统仍然能够正常运行，且 3 人均具有非法占有财物的故意，客观上对计算机信息系统中存储的数据和应用程序进行删除、增加和修改，以秘密的手段盗得了本属电信公司的财物，盗窃罪与破坏计算机信息系统罪之间形成了目的行为与手段行为的牵连关系，曾某等 3 人构成盗窃罪。

第三种意见认为，曾某非法进入了电信公司的数据设备，对数据进行修改和删除，对 40 余家网吧经营户的网络进行了非法提速，影响了该计算机系统的正常运行，同时造成了电信公司 160 余万元的提速费损失，构成了破坏计算机信息系统罪，李某和杨某则为职务侵占罪的共犯。

三、评析观点

笔者赞同第三种意见，认为处理本案的关键在于解决以下三个问题：（1）曾某的行为是否构成破坏计算机信息系统罪？（2）曾某是否与李某、杨某成立共同犯罪？（3）李某和杨某构成何罪？

（一）曾某的行为构成破坏计算机信息系统罪

曾某违反国家规定，通过电信公司服务器的漏洞，盗取了电信公司机房工作人员的用户名和密码，非法进入了网络管理计算机系统，对其中存储的数据进行修改，最终造成了电信公司160余万元提速费的损失，已构成破坏计算机信息系统罪。

我国《刑法》第286条第1款规定："违反国家规定，对计算机信息系统功能进行删除、修改、增加、干扰，造成计算机信息系统不能正常运行，后果严重的，处五年以下有期徒刑或者拘役；后果特别严重的，处五年以上有期徒刑。"第2款规定："违反国家规定，对计算机信息系统中存储、处理或者传输的数据和应用程序进行删除、修改、增加的操作，后果严重的，依照前款的规定处罚。"第3款规定："故意制作、传播计算机病毒等破坏性程序，影响计算机系统正常运行，后果严重的，依照第一款的规定处罚。"

从刑法规定来看，本罪的客观方面主要表现为三种行为情况：一是对计算机信息系统功能进行删除、修改、增加、干扰的行为；二是对计算机信息系统中存储、处理或者传输的数据和应用程序进行删除、修改、增加的行为；三是故意制作、传播计算机病毒等破坏性程序的行为。犯罪对象即是计算机信息系统功能。

结合本案来看，首先，曾某实施的修改行为已经破坏了电信网络计算机信息系统的功能，并非法修改了网络计算机系统的存储数据，达到了非法提高网吧网速的目的。

《中华人民共和国计算机信息系统安全保护条例》第2条规定："本条例所称的计算机信息系统，是指由计算机及其相关的和配套的设备、设施（含网络）构成的，按照一定的应用目标和规则对信息进行采集、加工、存储、传输、检索等处理的人机系统。"计算机信息系统功能就是使上述计算机信息系统发挥有利的作用和效能，也即计算机信息系统按照一定的应用目标和规则对信息进行采集、加工、存储、传输和检索等处理的有力作用和效能。在计算机应用的各个领域，其具体的功能也体现出不同的表现形式，比如网站服务器，其主要功能是提供网页浏览，数据库后台管理，比如银行计算机信息系统，主要是对储户的个人账号进行管理等。《刑法》第285条明确规定了非法侵入计算机信息系统罪中信息系统的范围，即国家事务、国防建设、尖端科技领域的计算机信息系统。而《刑法》第286条并没有界定计算机信息系统范围。那么，行为人破坏任何计算机信息系统的行为是否都构成破坏计算机信息系统罪呢？我国刑法中犯罪的一个最重要的特征就是行为的法益侵害性，也即我们常说的社会危害性。我们衡量行为人对计算机信息系统功能进行删除、增加、修改，对计算机信息系统中存储的数据和应用程序进行删除、修改和增加，是否构成犯罪，社会危害性是考察的首要条件。只有对他人的计算机信息系统功能、计算机信息系统中存储的数据和应用程序进行删除、修改、增加，危及他人计算机信息系统安全的，才能以破坏计算机信息系统罪论处。在本案中，曾某通过电信公司服务器的漏洞，盗取了电信公司机房工作人员的用户名和密码，非法进入了电信公司的数据设备，利用自己"超级用户"的身份可以随意对数据进行修改和删除，其行为本身而言就已经破坏了该电信网络计算机信息系统正常的信息采集、存储、传输的相关功能；另外，曾某还进一步利用这一非法手段通过李某等人提供的信息资料，进入计算机信息系统对系统中存储的要求提高网速的网吧的存储资料进行修改，严重影响了该计算机信息系统的正常运行，具有较大的社会危害性。

其次，曾某实施的非法修改数据的行为造成了严重的后果。

《刑法》第286条明确规定了行为人违反国家规定，对计算机信息系统功能及其存储数据进行删除、修改等，造成计算机信息系统不能正常运行，必须是造成严重后果才能成立此罪，未造成严重后果的不作为犯罪处理。笔者认为，前述的造成计算机信息系统不能正常运行，本身就是行为人实施本罪行为的后果之一，与之相结合的还须有不能正常运行的后果问题，我国刑法就明确规定了"严重"二字，也就是说二者须同时具备。一般认为"后果严重的"主要包括破坏计算机信息系统功能造成其不能正常运行且不能正常运行造成重大经济损失的情况。有的学者甚至提出，如果以经济损失计算后果，直接经济损失好间接经济损失在1万元以上5万元以下的为"后果严重的"，损失在5万元以上的为

"后果特别严重的"。① 从本案查实的情况来看，通过曾某侵入电信公司网络计算机信息系统进行非法的数据修改，有48家网吧进行了非法提速，造成电信公司共计人民币1689004.29元提速费的损失。一方面，是通过曾某的修改行为已经对48家网吧进行了非法提速，这是一个既定事实，已经对社会造成了很大的危害；另一方面，从造成的直接经济损失来说，共计人民币1689004.29元，数额相当巨大。

最后，曾某的主观上也具有明知其行为会发生影响计算机系统正常运行等危害后果，而希望其发生的故意。

综合以上所述，笔者认为曾某构成了破坏计算机信息系统罪。

（二）曾某与李某、杨某不成立破坏计算机信息系统罪的共犯

所谓共同犯罪是指二人以上的共同故意犯罪。由此可见，成立共犯须有三个条件：一是二人以上，二是共同故意，三是共同行为。三者须同时具备，共犯方可成立。关于第一个条件已经符合不再赘述。关于第三个条件，在本案中，曾某实施的是具体地侵入电信公司的网络计算机信息系统，修改系统中存储的数据，为网吧进行了非法提速，完成的是全案的上游行为；李某和杨某则是寻找其所谓的"客户"，由他们进行联系，获取"客户"资料，收取赃款，完成的是下游行为。可以说三人的行为是一个整体，只是分工不同。那么，三人是否具有共同故意值得商榷。"故意"当然是犯罪的故意，"共同"不仅有"相同"的含义，而且还有"合意"的含义。"共同故意"包括两个内容：一是各共犯人均有相同的犯罪故意；二是相互之间具有意思联络。② 各共犯人在实施行为时都应明知共同犯罪行为的性质、危害社会的后果。而在本案中，李某和杨某主观上所认知的是侵害的他人财产权益。在实际操作过程中，李某只是从曾某处得知其非法提速是通过的电信公司机房的朋友，而对曾某实际采取破坏计算机信息系统的行为对网吧进行的提速的情况并不明知，在犯罪认识因素上，二者对犯罪侵犯的客体的认知并不一致。同时，作为客户经理的杨某从始至终都认为进行的私下提速是通过李某在电信公司机房的朋友操作的，杨某和曾某之间互不认识，二人之间也根本不存在共同犯罪的意思联络。所以，李某、杨某和曾某就犯罪的主观

---

① 刘广三：《计算机犯罪论》，中国人民大学出版社1999年版，第184页。
② 张明楷：《刑法学》，法律出版社2003年版，第325页。

认识上并不一致，李某和杨某并不具有与曾某相同的犯罪故意，故三人不成立破坏计算机信息系统罪的共犯。

（三）李某和杨某构成职务侵占罪的共犯

在本案中，李某在从曾某处得知可通过其在电信公司的朋友非法提速之后，就联系电信公司客户经理杨某找来4家网吧，进行非法提速，李某告诉杨某其自己在电信公司机房有朋友，可以进行私下提速，杨某不清楚是曾某完成的这一非法操作，这种非法操作后，李某收了钱先与客户经理进行私分，之后与曾某再次分配。通过这种方式一直持续到2007年7月案发。经查有48家网吧进行了非法提速，造成电信公司共计人民币1689004.29元提速费未收到账，其中杨某找来的4家网吧未到账的提速费共计人民币137134.12元。那么，杨某作为电信公司的片区客户经理，利用自己管理、经手片区客户的职务上的便利，向客户私下推荐这种所谓的优惠提速方式，收取了客户缴纳的13万余元提速费，这些提速费本应属于电信公司所有，杨某收取之后仅有代为保管的权力，而其却将钱予以侵占，构成了职务侵占罪。而李某与杨某在主观上具有共同的认知就是通过电信公司机房的熟人私下提高其找来的网吧网速，从中谋取非法利益，在客观上也和杨某共同实施了具体的犯罪行为，其与杨某系共同犯罪，成立职务侵占罪。

（四）对曾某的行为是否属于盗窃的意见评析

近年来，我国电信网络产业发展极为迅速，在社会经济活动中发挥着越来越大的作用。电子网络服务传输人们工作、生活中的各种信息。由于它建立在计算机信息技术的基础上，因而利用计算机盗用电信服务日益猖獗，严重影响了电信信息服务业的发展。因此，《刑法》第265条规定"以牟利为目的，盗接他人通信线路、复制他人电信码号或者明知是盗接、复制的电信设备、设施而使用的"，依照盗窃罪定罪处罚。第287条也规定："利用计算机实施金融诈骗、盗窃、贪污、挪用公款、窃取国家秘密或者其他犯罪的，依照本法有关规定定罪处罚。"从条文字面理解，所谓的电信服务内容包括设立用户专有通信线路和无线通信码号，为客户提供电信服务，如有线电话、移动电话和互联网络专用线路等，用户占用该线路和码号，便按照约定的收费方式缴纳服务费。这种盗接他人通信线路，复制他人电信码号，或者明知是盗接、复制的电

曾某等破坏计算机信息系统案

信设备、设施而使用的，认定为盗窃罪在适用法律上不存在问题。但是如本案中曾某进入计算机信息系统盗得账号和密码，为网吧非法提速的这种未经许可破解并使用他人网络账号和密码非法上网、无偿获取电信服务，造成电信资费巨大损失的行为，能否认定为盗窃罪呢？有的观点认为这种行为本质上是盗窃电信服务（资源）的行为，其社会危害性并不亚于盗接他人通信线路，复制他人电信码号，所以按盗窃罪定罪处罚无可非议。但笔者认为，从刑法条文在字面表述上严格来解释上述的行为对象并没有纳入《刑法》第265条所调整的范围之内，认为曾某等人的行为构成盗窃罪的观点对法律条文作出了扩张解释，从坚持罪刑法定原则的刑法基本立场来说，将本案中曾某等人的行为界定为盗窃罪是不恰当的，还需要予以立法完善。

四、处理结果

本案经书面请示重庆市人民检察院第五分院，第五分院认为曾某、李某和杨某以非法占有为目的，以秘密的手段窃取电信公司电信资源，符合盗窃罪的构成要件，系盗窃罪的共犯。该院以曾某、李某、杨某的行为构成盗窃罪起诉。但最终重庆市渝中区人民法院以破坏计算机信息系统罪，判处3名被告人缓刑。

（重庆市渝中区人民检察院　林志强）

17. 谢某聚众斗殴案

——聚众斗殴罪的认定

一、基本案情

被不起诉人谢某，男，1990 年出生，无业。

2007 年 8 月 5 日 18 时许，谢某（案发时 17 周岁）因打网络游戏与左某等人发生纠纷，双方约定在本区土主镇政府广场打架解决。随后，谢某邀约了邓某、何某、张某、蒋某等人到达约定地点。19 时许，左某及其邀约的程某、张某、钟某、陈某、余某等人携带 6 把砍刀也乘坐一辆长安面包车抵达现场。谢某一方见对方持有砍刀，因双方力量悬殊而心生恐惧，未敢上前斗殴便分散逃离现场。左某一方则持刀追砍，但并未造成谢某一方伤亡。2011 年 9 月 20 日，法院以聚众斗殴罪判处左某一伙中的左某、程某、张某、钟某、陈某等人有期徒刑 1 年 6 个月至 3 年 2 个月不等。2010 年 12 月 23 日，谢某接到公安机关通知后主动到公安机关接受处理。

二、意见分歧

对于本案谢某是否构成聚众斗殴罪及处于何种犯罪阶态，有以下三种意见：

第一种意见认为，本案谢某不构成聚众斗殴罪。聚众斗殴罪既要有聚众的行为，也要有斗殴的行为，单纯聚众不能构成本罪。本案谢某一方虽是出于斗殴目的聚众并到达案发现场，但因双方力量悬殊心生恐惧而没有实施斗殴行为，到达现场后谢某一方都处于被追打状态。因此，谢某一伙没有斗殴行为，不构成聚众斗殴罪。

第二种意见认为，本案谢某构成聚众斗殴罪，且属于既遂。不能将聚众斗殴罪简单地理解为既有聚众又直接实施暴力斗殴，应当理解为只要为斗殴而聚众该罪就已经成立。聚众斗殴罪属于扰乱公共秩序罪，保护的是整个公共秩序。即便到达现场的一方因力量悬殊惧怕对方而没有实施暴力行为，但依然严重威胁到社会公共秩序，而且另一方实施的殴打行为也是因为双方共同"聚众斗殴"引起的，单纯一方不可能形成聚众斗殴的局面。因此，谢某也构成聚众斗殴罪，且构成犯罪既遂。

第三种意见认为，本案谢某构成聚众斗殴罪，但属于未遂。聚众斗殴罪的双方不是共同犯罪，也不是刑法理论上的对合犯，应当分别对各自的行为负责，有可能停止在不同的犯罪阶段。本案谢某一方虽聚众且到达现场，但迫于对方持有刀械己方不敢动手，这属于典型的因意志以外的原因放弃犯罪行为（斗殴）的完成。因此，谢某构成聚众斗殴罪的未遂。

三、评析观点

笔者同意上述第三种意见，本案谢某构成聚众斗殴罪的未遂，理由如下：

（一）聚众斗殴罪是复行为犯，但犯罪成立不要求聚众和斗殴行为全部具备

所谓复行为犯，是指犯罪构成客观要件中包含两个以上"行为"的犯罪。理论界对复行为犯有两种典型定义：一是"复行为犯是指在一个独立的基本构成中包含有数个不独立成罪的实行行为的犯罪"；[①] 二是"复行为犯是构成某种犯罪的既遂（或成立犯罪）必须实施两个以上不独立成罪的实行行为的犯罪"。[②] 典型的复行为犯如抢劫罪、强奸罪、抗税罪等。抢劫罪的客观要件包括"暴力、威胁或其他 + 非法占有财产"两个行为；强奸罪的客观要件包括"暴力、威胁或其他 + 强制性行为"

---

① 陈兴良：《刑事法评论》（第 4 卷），中国政法大学出版社 1999 年版，第 321 页。
② 周红涛：《论复合行为犯罪》，湘潭大学 2004 年硕士学位论文。

两个行为；抗税罪的客观要件包括"暴力或威胁+拒缴税款"两个行为。而聚众斗殴罪包括"聚众+斗殴"两个行为，因此聚众斗殴罪属于复行为犯。

但是，复行为犯并不是客观要件中的所有行为都必须具备才成立犯罪，换句话说，所有行为都具备应当是复行为犯的既遂要件而不是成立要件。上文理论界关于复行为犯的两个定义，第一个将"数个不独立成罪的实行行为"概括在犯罪的"基本构成"之下，那么相对于基本构成的修正的犯罪构成，如未遂、中止等，自然不需要所有"复行为"的完全具备；第二个将"两个以上不独立成罪的实行行为"概括在"犯罪的既遂（或成立犯罪）"之下，那么当然犯罪的中止或未遂也不需要所有复行为的完全具备。在犯罪构成理论中，犯罪的未完成状态，包括预备、未遂和中止，主要就是指实行行为没有实行完毕（除实行终了的未遂与中止外），在复行为犯中就表现为所有复行为没有完全实行。实际上，有观点认为所谓复行为犯并不是在一个犯罪构成中存在多个实行行为，因为"实行行为是犯罪构成的核心内容，实行行为的单复直接决定或影响着罪数的单复。复行为犯作为单纯的一罪，只能拥有一个实行行为"。[①] 该观点将复行为中的所有行为综合为一个犯罪实行行为，只是不同阶段的表现形式而已。依该理论，没有实施全部复行为的，当然可以构成犯罪预备、未遂或中止。因此，聚众斗殴罪的成立不需要聚众和斗殴全部具备，有可能存在预备、未遂和中止。[②]

也有观点认为聚众斗殴罪不是复行为犯。持该观点论者指出，聚众斗殴罪中的"聚众是斗殴的方式……所以并不要求在斗殴之前具有聚众的行为"，"临时突然起意斗殴的，完全可能成立聚众斗殴罪"，而且"如果说聚众斗殴是复行为犯，就难以说明积极参加者也成立聚众斗殴罪"。[③] 但笔者认为这种观点有待商榷。即便临时起意的斗殴，"临时起

① 陆诗忠：《复行为犯之基本问题初探》，载《现代法学》2007年第6期。

② 在案件讨论过程中，也有人提出聚众斗殴罪是行为犯，因此不存在犯罪未完成状态。但行为犯不同于举动犯，也存在犯罪未完成状态。如脱逃罪是行为犯，但脱逃没有成功的不能认定为脱逃罪的既遂。而且，未完成状态的聚众斗殴罪，因为没有实施斗殴行为，其社会危害性相对较小，也应当认定其未完成状态，以实现罪责刑相适应。

③ 张明楷：《刑法学》（第四版），法律出版社2011年版，第933页。

的意"很难说没有"临时聚众"的意思，共同犯罪本来就有事中共谋情形的存在。而积极参加者也对自己将要参加的是"聚众"的斗殴有一定的认识，不影响对其行为的"聚众性"的认定。

综上，聚众斗殴罪属于复行为犯罪，犯罪成立并不要求聚众和斗殴全部具备，缺少斗殴的可以构成犯罪预备（如只是聚众、准备凶器，但没有到现场斗殴的）、未遂或中止。故本案谢某虽然仅有聚众并到达现场但没有实施暴力行为，依然可以成立聚众斗殴罪，只是犯罪状态不是既遂。

（二）聚众斗殴罪不是对合犯，聚众斗殴双方的行为应分别定性

所谓对合犯，"又称为对向犯、对行犯，是必要共犯的一种表现形式。……是指在犯罪构成上预先设定了复数行为者的双向犯罪的犯罪"。① 司法实践中有观点认为聚众斗殴罪是对合性犯罪，因为聚众斗殴"一方行为的定性离不开对方的回应，否则行为人的行为就可能构成故意伤害或者寻衅滋事等罪"。② 在持该论者看来，聚众斗殴双方必然都是聚众斗殴，虽然在认定斗殴双方是否构成犯罪上可能不同。但在笔者看来，聚众斗殴罪不是对合性犯罪，只是一般的聚众性犯罪。

首先，聚众斗殴的双方不是必要的共同犯罪。在上述对合犯的定义中，"必要共犯"成为对合犯的上位要件。当然，这里的必要共犯可能因法律的特殊规定而呈现不同的罪名，而且"共犯"双方不一定都成立犯罪。比如受贿罪和行贿罪，两罪不但罪名不同，而且定罪标准不同，也可能一方构成犯罪而另一方不构成犯罪。而要成立共犯，各共犯人必然要有共犯犯意，显然聚众斗殴的双方不存在共犯的犯意。即便双方事前联络聚众斗殴的地点、方式，但都是以伤害对方为目的，不具有犯意的同一性。

其次，聚众斗殴不是相互配合的犯罪。聚众斗殴罪"参与斗殴的双方处于对应的位置，但是，由于斗殴双方的行为不是配合性的对应性行为，因此，聚众斗殴罪就不属于对合性犯罪"。③ 所以聚众斗殴只是参与双方互为犯罪对象的犯罪，但不能将其理解为对合犯，否则对合犯的范围有过于扩大之嫌，丧失了设置此概念的理论意义。

再次，对合犯一般是只有双方参与的犯罪，但聚众斗殴罪可能是三

---

① 陈兴良：《论犯罪的对合关系》，载《法制与社会发展》2001 年第 4 期。

② 易娟：《聚众斗殴罪故意形态的理解》，载《中国检察官》2011 年第 7 期。

③ 张磊：《对合犯理解的新角度》，载《辽宁教育行政学院学报》2006 年第 3 期。

方或三方以上参与。"聚众斗殴并不限于双方，亦不排除三方、四方斗殴的情形。"① 在这种情况下，无论将参与斗殴的双方两两理解为对合犯罪或理解为多方共同构成对合犯罪，不但增加了理论的复杂性和混乱性，也没有体现理论的实用价值，皆不甚妥当。

既然聚众斗殴罪不是对合犯，那么参与双方就应当各自对自己行为负责，分别认定。而且即便上文持"聚众斗殴是对合犯"观念的论者，也承认聚众斗殴罪双方的犯罪认定可能不同。

聚众斗殴罪双方各自定罪可主要表现为：

一是犯罪是否成立方面可能不同。即一方成立犯罪，一方不成立犯罪。如一方实施聚众斗殴，另一方只是有聚众的"犯意表达"但并没有具体实施的。

二是犯罪认定罪名方面可能不同。即一方构成此罪，而另一方不构成彼罪的。如一方因结果加重，造成对方重伤或死亡转化为故意伤害或故意杀人罪的，另一方依然构成聚众斗殴罪。

三是犯罪停止阶段方面可能不同。即一方构成聚众斗殴既遂，另一方构成预备、未遂或中止等。一方实施聚众斗殴，但另一方被其他人（如未成年犯罪中的家长或教师）发现并制止的，此时被制止的一方成为了被动的另一方的攻击对象，自然不构成既遂，而应视情况认定为预备、未遂或中止。

综上，本案中谢某的犯罪状态的认定不应受对方影响，在对方既遂的情况下自己一方可能构成其他状态。本案中谢某只实施了聚众斗殴罪客观构成要件中的部分行为，处于犯罪未完成阶段，而未完成的原因是因为心理畏惧，属于"足以阻止犯罪意志的原因"，② 因此应当认定为犯罪未遂。

四、处理结果

本案经重庆市沙坪坝区人民检察院审查，认为谢某案发时只有17周岁，系未成年人，且未具体实施斗殴，犯罪情节轻微，作不起诉决定。

（重庆市沙坪坝区人民检察院　张红良）

---

① 张明楷：《刑法学》（第四版），法律出版社 2011 年版，第 933 页。

② 高铭暄主编：《刑法专论》（第二版），高等教育出版社 2008 年版，第 315 页。

18. 曾某某偷越国（边）境案

——骗领结婚证办理签证是否具备合法要件

一、基本案情

被不起诉人曾某某，女，1986 年出生，农民。

2005 年，曾某某在广东省江门市打工时认识了叶某某（外号华姐，另案处理）。华姐告诉曾某某可采取与香港人假结婚的方式办探亲签证，几年后可申请到香港定居。曾某某同意采取这种与香港人假结婚的方式办理探亲签证，并答应支付华姐 13 万元港币作为报酬。

2006 年 8 月 18 日，曾某某与华姐介绍的香港人吕某某（中国香港籍）在重庆市民政局办理了结婚手续。2006 年 8 月 25 日，曾某某在重庆市公安局出入境管理局申请办理了号码为 W14059824 的往来港澳通行证。2006 年 9 月 5 日至 2010 年 6 月 29 日，曾某某使用该往来港澳通行证，在重庆市公安局出入境管理局办理了 6 次赴港澳探亲签注，先后 10 次往返于内地和香港之间，通过国（边）境 20 次。

二、意见分歧

曾某某的行为是否构成偷越国（边）境罪在适用法律上存在两种分歧意见。

第一种意见认为，曾某某的行为不构成偷越国

（边）境罪。理由是，偷越国（边）境罪是指违反国（边）境管理法规，未经国家出入境管理部门许可，非法出入国（边）境，情节严重的行为。曾某某为获取香港居民身份，与香港人吕某某在重庆市民政局登记结婚，该婚姻关系合法有效。曾某某基于合法的婚姻关系，持重庆市民政局颁发的真实结婚证，在重庆市公安局以探望配偶的名义申请办理了往来港澳通行证和探亲类签注，并持该真实的往来港澳通行证和探亲签注往返内地与香港之间，其行为不涉嫌偷越国（边）境罪。

第二种意见认为，曾某某的行为构成偷越国（边）境罪。理由如下：

首先，《公民出境入境管理法实施细则》第六章第25条规定：编造情况，提供假证明，或者以行贿等手段，获取出入境证件，情节较轻的，处以警告或者5日以下拘留；情节严重，构成犯罪的，依法追究刑事责任。说明犯罪嫌疑人曾某某的行为是违反我国出入境管理法规的行为，且属相关法律规定的情节严重的范畴，应当受到刑法处罚。

其次，《刑法》第319条规定："以劳务输出、经贸往来或其他名义，弄虚作假，骗取护照、签证等出境证件，为组织他人偷越国（边）境使用的，处三年以下有期徒刑，并处罚金；情节严重的，处三年以上十年以下有期徒刑，并处罚金。"该刑法条文明确规定，组织他人使用弄虚作假等方式骗取的护照、签证等出境证件出入国（边）境的，是组织他人偷越国（边）境的行为。因此，使用弄虚作假等方式骗取的护照、签证等出境证件出入国（边）境的，是偷越国（边）境的行为。

综上所述，曾某某为了赴香港定居，以支付13万元港币为报酬，弄虚作假，且与吕某某在重庆市民政局领取了结婚证，编造了自己与吕某某是夫妻关系的事实，利用骗领的结婚证申请办理了往来港澳通行证和赴港探亲签注，其实质上并不具有赴港探亲的资格。中国公民出入国（边）境，必须同时具备合法的形式要件和实质要件，曾某某持骗取的往来港澳通行证和赴港探亲签注，不具备合法的实质要件。根据最高人民法院《关于审理组织、运送他人偷越国（边）境等刑事案件适用法律若干问题的解释》第5条规定，偷越国（边）境3次以上的就属于《刑法》第322条规定的"情节严重"，曾某某先后10次往返内地和香港之间，偷越国（边）境20次，其行为构成偷越国（边）境罪。

笔者同意第一种意见，即曾某某的行为不构成偷越国（边）境罪。

三、评析观点

本案不涉及事实和证据，主要是法律适用问题。争议的焦点是曾某某采取找香港人假结婚的方式，在重庆市民政局登记结婚后办理探亲签证，虽然具备合法的形式要件，但实质要件不合法，那么，曾某某的行为是否构成偷越国（边）境罪？

首先，曾某某持真实的出入境证件出入国（边）境，其行为不构成偷越国（边）境罪。曾某某为获取香港居民身份，与香港人吕某某在重庆市民政局登记结婚，领取的结婚证合法有效。经查，曾某某并不知道吕某某已结婚，因此，曾某某的婚姻是合法有效的。如果曾某某明知吕某某在婚姻关系存续期间，仍与吕某某结婚，那么，曾某某的婚姻就是无效的，将不受法律保护，曾某某的行为将构成重婚罪。曾某某在本案中基于合法的婚姻关系，持重庆市民政局颁发的真实结婚证，在重庆市公安局以探望配偶的名义申请办理了往来港澳通行证和探亲类签注，并持该真实的往来港澳通行证和探亲签注往返内地与香港之间，没有偷越国（边）境。曾某某想去香港定居，采取与一个没有感情基础的吕某某结婚，并不违法，如果曾某某的行为触犯了香港有关法律，则应由香港法律去处理。出入境证件是一种身份证件，曾某某持有的这个身份证件并不假，曾某某过国（边）境也没有偷越，曾某某接受过检查。因此，严格按照刑法条款的规定和理论界对本罪罪状的叙述，曾某某的行为不构成偷越国（边）境罪。

其次，曾某某的婚姻是合法有效的。《公民出境入境管理法实施细则》第六章第25条规定主要指的是"获取出入境证件的手段不合法，情节严重构成犯罪"而不是指偷越国（边）境的行为。因为获取出入境证件的手段和方法是多种多样的，一般表现为在不准通过的地点秘密出入境，或虽在指定地点通过，但采用了伪造、涂改、冒用出入境证件或用其他蒙骗手段蒙混过关。采取这种不合法的手段可能构成"伪造国家机关证件罪、行贿罪等"。而曾某某持有真实的港澳通行证和探亲签注，虽然曾某某结婚的动机不纯，但并不违法，其婚姻合法有效，不属于婚姻法中无效婚姻范畴。因此，曾某某的行为不构成偷越国（边）境罪。

再次，本案不能援引最高人民法院《关于审理组织、运送他人偷越国（边）境等刑事案件适用法律若干问题的解释》第5条规定偷越国（边）境3次以上的就是《全民出境入境管理法实施细则》中规定的"情节严重"。《刑法》第322条规定："违反国（边）境管理法规，偷越国（边）境，情节严重的，处一年以下有期徒刑、拘役或者管制，并处罚金。"依本条之规定，偷越国（边）境是否情节严重，是区分罪与非罪的界限。对它的认定一般可从以下几个方面加以认定：（1）后果严重，影响国家的声誉，引起涉外纠纷事件等严重危害结果的。（2）采用其他违法手段偷越国（边）境的。如使用伪造或变造的证件偷越国（边）境的，以抢劫车船、杀人伤人、殴打边防执勤人员后强行越境的。（3）偷越到与我国关系紧张的国家或敌对国或正在与我交战的国家的。（4）在边境地区反外逃反偷渡斗争中顶风偷渡的。（5）动机恶劣。如行为人因犯了罪为逃避刑罚而实施偷渡的，以及因违法乱纪，为了逃避行政处分而实施偷渡的，为走私、贩毒等犯罪目的而实施偷渡的等。（6）多次偷渡、屡教不改的。[①] 因此，曾某某持合法的出入境证件出入国（边）境，其的行为不属于《刑法》第322条规定的"情节严重"，不构成偷越国（边）境罪。

最后，刑法禁止类推，因此，不能类推出"使用弄虚作假等方式骗取护照签证等出境证件出入国（边）境的"，构成偷越国（边）境罪。

四、处理结果

本案经重庆市人民检察院第一分院审查，认为曾某某的行为不构成偷越国（边）境罪，对其作出不起诉决定。

（重庆市人民检察院第一分院　杨晓）

曾某某偷越国（边）境案

---

① 刘家琛：《新刑法条文释义》（下），人民法院出版社1999年版，第1409页。

19. 程某抢劫、邓某某窝藏案

——扮演假人质帮助犯罪嫌疑人逃匿的行为如何定性

一、基本案情

被告人程某，男，1983 年出生，农民；邓某某，女，1985 年出生，农民。两人系男女朋友关系。

2011 年 1 月 31 日凌晨 2 时许，程某携塑料仿真手枪、工具刀、胶带等作案工具，来到重庆市南岸区南坪万达广场的某酒店六楼，持仿真手枪抢走周某某的现金 1900 元、创维 SE89 型手机一部（经鉴定，价值人民币 414 元）、中国银行银行卡一张。随后，程某在 ATM 机上取走了周某某中国银行银行卡内的 1.07 万元。

2011 年 2 月 11 日 23 时许，民警在南岸区花园五村 7 栋 9－2 号邓某某租住处，对程某实施抓捕时，程某向邓某某谎称因其贩卖毒品正被门外的民警抓捕，并提出假装劫持邓某某为人质，要求邓某某帮助程某逃跑，得到了邓某某的同意。程某遂从厨房拿出一把菜刀架在邓某某的脖子上，然后邓某某配合程某劫持，使民警不能对程某顺利实施抓捕后，邓某某与程某一同搭乘出租车逃脱。程某带邓某某逃到程某姐姐的门市部躲藏，于次日 9 时许，在该门市部内被民警抓获归案。

二、意见分歧

本案中，分歧焦点主要是邓某某扮演假人质帮助犯罪嫌疑人逃避抓捕的行为如何定性？

第一种意见认为，邓某某的行为构成妨害公务罪。理由如下：首先，根据刑法的规定，窝藏罪为"明知是犯罪的人而为其提供隐藏处所、财物，帮助其逃匿的"。法律已明文规定窝藏的手段仅为提供隐藏处所、财物。本案中，邓某某当假人质、配合程某假劫持的行为，客观上妨碍了司法机关对罪犯的抓捕活动，但根据我国刑法的罪刑法定原则，法无明文规定不为罪，法无明文规定不处罚，因此，依据现行刑法，邓某某的行为不构成该罪。其次，我国现行《刑法》第277条规定："以暴力、威胁方法阻碍国家机关工作人员依法执行职务的，处三年以下有期徒刑、拘役、管制或者罚金。"威胁，依据《现代汉语词典》，是指用威力逼迫、恫吓使人屈服。张明楷教授认为，其威胁是指以使国家机关工作人员产生恐惧心理为目的，以恶害相通告，迫使其放弃职务行为。恶言的内容、性质、通告方法没有限制。[①] 被告人邓某某在明知公安机关对程某实施抓捕时，与程某达成当假人质配合其劫持的"意向"（即共谋），并实施了该行为。综上，可认定邓某某与程某形成以暴力劫持邓某某本人，从而威胁公安机关实施抓捕，迫使民警放弃职务行为，达到程某逃跑的目的，邓某某与程某存在妨碍公务的故意及行为，构成妨害公务罪。

第二种意见认为，邓某某的行为构成窝藏罪。理由如下：邓某某明知是犯罪的人而采取以被告人伤害自己相威胁的扮演假人质方式，帮助被告人逃匿的行为，妨害了公安机关对被告人的抓捕活动，侵害的犯罪客体是司法公务活动，符合立法意图，构成窝藏罪。

第三种意见认为，邓某某的行为不构成犯罪。理由如下：首先，妨害公务罪的"威胁"是指针对公务人员相关利益的损害相通告，不应包括以自杀、自伤等以自己为对象相威胁，邓某某以被告人伤害自己为威胁对象的行为，不符合妨害公务罪的客观表现。其次，邓某某的行为也不符合窝藏罪规定的"提供隐藏处所、财物"等客观表现方式，法无明

---

① 张明楷：《刑法学》（第三版），法律出版社2007年版，第754页。

文规定不为罪，其行为不构成窝藏罪。

三、评析观点

笔者认为，邓某某的行为构成窝藏罪。为了更清楚地阐述笔者的观点，现从以下两个方面阐述理由：

（一）以自伤、自残、自杀以及他人伤害自己为威胁，不能认定为妨害公务罪的威胁，因而不构成妨害公务罪

第一，从我国刑法立法情况来看，并未规定以"自伤、自残、自杀以及他人伤害自己为威胁"为犯罪行为。我们可先进行一个比较：强奸罪规定"以暴力、胁迫或者其他手段强奸妇女的"；刑讯逼供罪与暴力取证罪规定"司法工作人员对被告人、被告人实行刑讯逼供或者使用暴力逼取证人证言的"；组织残疾人、儿童乞讨罪规定"以暴力、胁迫手段组织残疾人或者不满十四周岁的未成年人乞讨的"；抢劫罪规定"以暴力、胁迫或者其他方法抢劫公私财物的"，在上述罪名中，涉及暴力与胁迫的均未出现过以行为人自己为对象的理论解释和实践判例。笔者以为，妨害公务罪也不应该成为例外，如果将其认定为本罪的客观方面，就必然与我国刑法确定的罪刑法定原则相悖。从另一角度看，上述的暴力、胁迫、威胁，其本质都是违法或犯罪行为，但自杀、他人伤害自己本身并非违法犯罪，虽然帮助自杀、伤害可能构成犯罪。把性质完全不同的两种行为作同样的评价，也是不妥的。

第二，威胁应是以损害公务人员之利益的恶害相通告，即以将要实施加害的扬言对国家机关工作人员实行精神强制，造成心理上的恐惧感，从而达到阻碍其依法执行职务的目的，而不是以损害行为人自己的利益相告知。只有以损害公务人员之相关利益相通告，才会使其产生心理上的压力，并可能因此停止公务的执行。

第三，无论是现行的司法解释或者学理解释都普遍认为威胁是针对公务人员相关利益的损害相通告，不包括以自杀等以自己为对象相威胁。

综上，对于自焚、他人伤害自己等以极端方式相威胁的抗拒执法者，不属于妨害公务罪中"暴力与威胁"的范畴。过于宽泛地理解暴力与胁迫，是积极的入罪思维驱动的结果。生命无价，但具体到个体情景，有时生命的价值甚为明确。因此，对于以自杀等以自己生命安全相威胁的抗拒执法者不应以妨害公务罪定罪处罚。

（二）邓某某的行为符合窝藏罪的犯罪构成和立法精神

第一，根据刑法的规定，窝藏罪是指明知是犯罪的人而为其提供隐藏处所、财物帮助其逃匿的行为，是妨害司法罪的一种。在司法实践中，有些人往往采取提供隐藏处所、财物以外的其他方法帮助犯罪的人逃匿，客观上妨害了司法秩序，但对照刑法条文却不构成犯罪。邓某某的行为应该说是一种严重妨害司法的行为，其行为明显比《刑法》第362条规定的"旅馆业、饮食服务业、文化娱乐业、出租汽车业等单位的人员，在公安机关查处卖淫、嫖娼活动时，为违法犯罪分子通风报信，情节严重的，依据本法第三百一十条的规定定罪处罚"要严重得多，应是构成犯罪的行为。对照窝藏罪的犯罪构成要件，为嫌疑人通风报信的行为也不完全符合提供隐藏处所或财物的情形，但法律特别规定依照窝藏罪定罪处罚，而邓某某的行为却不能定罪处罚，存在矛盾之处。

第二，该罪的犯罪客体是司法机关追诉、制裁犯罪分子的正常活动，立法目的在于保护司法秩序。《刑法》第310条表面上看只是手段和目的的关系，如果理解为所列两种方式，过于狭隘，违背立法本意。《刑法》第362条将明知对象放宽（包括违法的人），目的在于特殊行为从重打击，表现方式为通风报信，法条前后一致来理解，犯罪主体、对象不同，但罪名相同，立法精神应一致，行为方式不应有不同。可见，该罪不仅包括表述的两种行为，该罪的本质特征应是采取各种手段帮助犯罪的人逃避刑事追究或者刑罚执行的行为。张明楷也认为，"为犯罪的人提供隐藏处所、财物"与"帮助其逃匿"不是手段行为与目的行为的关系，只是例举比较典型的方式行为，最核心的是"帮助其逃匿"，这就是客观行为。① 换言之，帮助犯罪的人逃匿的方法行为，不限于为犯罪的人提供隐藏处所或者财物，前两种行为方式与第三种之间存在包容关系，也就是说，提供处所、财物也是帮助逃匿的行为方式，但因为这两种行为方式是窝藏犯罪最常见的行为方式，所以法条上明确列出，但它不是对窝藏犯罪行为方式的穷尽和限定，也不是对其他帮助逃匿行为方式的排斥。"帮助逃匿"是指提供隐藏处所、财物以外的采取其他方式帮助犯罪的人逃避刑事追究或者刑罚执行的行为。因此，窝藏罪行为

---

① 张明楷：《刑法学》（第三版），法律出版社2007年版，第789页。

人的主观方面表现是一致的，但其客观行为方式却是多种多样的。

第三，窝藏罪所保护的法益是司法秩序，而妨害公务罪的犯罪客体是社会公共秩序。本案中，行为人的行为直接妨害了公安机关对被告人的抓捕活动，侵害的具体客体是司法公务活动；此外，窝藏罪的刑事处罚也比妨害公务更重，更侧重于打击该类破坏司法秩序的行为，彰显立法本意。因此，本案宜定性为窝藏罪。

综上所述，本案中被告人邓某某配合被告人程某扮演"假人质"，本质是想帮助被告人程某逃匿，其行为与法律规定的精神符合，理应构成窝藏罪。

四、处理结果

重庆市南岸区人民检察院以被告人程某犯抢劫罪、邓某某犯窝藏罪向人民法院提起公诉。人民法院以被告人程某犯抢劫罪，判处有期徒刑10年6个月；被告人邓某某犯窝藏罪，判处拘役4个月，缓刑6个月，两被告人均未上诉，一审判决已生效。

（重庆市南岸区人民检察院　吴言才）

20. 吴某等组织卖淫、协助组织卖淫案

——提供有偿手淫服务可否视为卖淫

一、基本案情

被不起诉人吴某，男，1968 年出生；吴某某，女，1970 年出生；张某，女，1975 年出生；李某，男，1972 年出生；蔚某，女，1982 年出生。5 人均为农民。

2005 年下半年，吴某、吴某某、张某、李某四人先后在某区两处地点开设两家洗浴城，提供洗脚、洗澡等服务。2009 年 10 月，吴某等四人关闭这两家洗浴城后，合并资金又在另一地开设一家洗浴城。2010年六七月间，吴某等四人为了牟取非法利益，共同商议后决定于 8 月 1 日起在该洗浴城经营推油项目，即由女性技师为男性客人提供手淫服务，每次收取 150元至 200 元不等的费用，吴某还聘请蔚某给技师教授手淫方法。8 月 25 日，公安机关接到举报线索后对该洗浴城进行检查，现场捉获正在进行手淫活动的五对男女。

二、意见分歧

对吴某、蔚某等五人的行为应当如何定性，主要

有以下两种分歧意见。

第一种意见认为提供有偿手淫服务不能视为刑法意义上的卖淫。故吴某等四人的行为不构成组织卖淫罪，蔚某的行为不构成协助组织卖淫罪。

第二种意见认为提供有偿手淫服务可以视为刑法意义上的卖淫。理由是最高人民法院在 2000 年 2 月 29 日作出的《关于如何适用〈治安管理处罚条例〉第三十条规定的答复》（〔1999〕行他字第 27 号）中认为，"《治安管理处罚条例》第三十条规定的'卖淫嫖娼'，一般是指异性之间通过金钱交易，一方向另一方提供性服务以满足对方性欲的行为。至于具体性行为采用什么方式，不影响对卖淫嫖娼行为的认定"。公安部也曾在 2001 年 2 月 18 日作出《关于对同性之间以钱财为媒介的性行为定性处理问题的批复》（公复〔2001〕4 号），认为，"不特定的异性之间或同性之间以金钱、财物为媒介发生不正当性关系的行为，包括口淫、手淫、鸡奸等行为，都属于卖淫嫖娼行为"。据此，可以认定提供有偿手淫服务也是一种刑法意义上的卖淫，且社会危害性较大，应予刑罚处罚。吴某等四人组织他人卖淫，其行为构成组织卖淫罪；蔚某协助组织他人卖淫，其行为构成协助组织卖淫罪。

三、评析观点

本案的关键问题是提供有偿手淫服务可否视为刑法意义上的卖淫。对这个问题的不同解答，完全可能导致入罪和出罪两种截然相反的结论。笔者同意第一种意见，即本案中五人的行为均不构成犯罪。具体阐述如下：

（一）行政解释不能作为认定犯罪的依据

卖淫嫖娼是一种常见的社会丑恶现象，但时至今日，究竟什么样的行为是卖淫嫖娼还缺乏科学权威的界定。即使是 1991 年全国人大常委会通过的《关于严禁卖淫嫖娼的决定》和 1993 年国务院发布的《卖淫嫖娼人员收容教育办法》也未见卖淫嫖娼的概念。1997 年《刑法》第 358 条至第 361 条专门规定了组织、强迫、引诱、容留、介绍卖淫罪，但对什么是卖淫仍然语焉不详。倒是一些地方性法规试图对卖淫嫖娼作出解释，例如《重庆市查禁卖淫嫖娼条例》第 2 条规定，该条例所称的卖淫嫖娼是指男女以收付财物为媒介发生的不正当性关系的行为。

1995 年公安部《关于对以营利为目的的手淫、口淫等行为定性处理问题的批复》中认为，卖淫嫖娼是指不特定的男女之间以金钱、财物为媒介发生不正当性关系的行为。该批复强调，卖淫嫖娼行为指的是一个过程，在这一过程中卖淫者与嫖客之间的相互勾引、结识、讲价、支付和发生手淫、口淫、性交以及与此相关的行为都是卖淫嫖娼行为的组成部分，应按卖淫嫖娼处理，处罚轻重可根据情节不同而有所区别。这一度被认为是官方对卖淫嫖娼概念最权威的解释，但是，2001 年该批复被公安部《关于对同性之间以钱财为媒介的性行为定性处理问题的批复》所废止，后一批复认为不特定的异性之间或者同性之间以金钱、财物为媒介发生不正当性关系的行为，包括口淫、手淫、鸡奸等行为，都属于卖淫嫖娼行为。该批复有以下几个特征：一是卖淫嫖娼双方，既可以是异性，也可以是同性。二是卖淫的目的，是以金钱、财物为媒介，这限缩了以前笼统地以营利为目的的做法，将无形利益排除在外。三是卖淫嫖娼的行为，不限于性交的形式。批复中既用了"不正当性关系"的概括表述，同时还列举了"口淫、手淫、鸡奸等行为"，表明卖淫嫖娼的行为既包括性交行为，也包括非性交的其他淫乱行为。四是卖淫嫖娼发生在不特定的男女之间，该处的"不特定"就排除了夫妻（包括事实上的夫妻关系）、恋爱中的情侣以及通奸等相互之间相对固定的、特定的男女发生性关系被划入卖淫嫖娼的可能。

公安部的批复从其性质上来看应属于行政解释，但是根据 1981 年《全国人大常委会关于加强法律解释工作的决议》，行政解释在法律体系中的地位仍不明了，就连地方性法规和地方性规章是否要和它保持一致都尚存疑问，更不要说将其作为认定犯罪的依据了。笔者注意到，不管是公安部的批复，还是全国各省市颁布的关于查禁卖淫嫖娼的条例，对卖淫的解释都较为宽泛，甚至有的行政法学者还将诸如卖淫者与嫖客之间发生的接吻、摸弄、吮吸对方的乳头、身体以及泡洗"鸳鸯浴"等没有性器接触的行为也认定为卖淫嫖娼。从行政管理的角度看，这也许是正当的，但将这些结论直接搬入刑法，恐怕并不合适。

众所周知，作为刑法的基本原则的罪刑法定要求法无明文规定不为罪、法无明文规定不处罚，规定犯罪及其后果的法律必须是立法机关制定的成文的法律，行政法规等不得规定刑罚。刑法的处罚范围与处罚程度必须具有合理性，只能将值得科处刑罚的行为规定为犯罪，禁止将轻微危害行为当做犯罪行为处理。而且，刑法是调整社会关系的最后手段，最为严厉，执法成本及副作用也最大。罪名的设定、犯罪行为的界定及解释应遵循谦抑性原则，即未穷尽其他途径之前不宜设定为犯罪，否则易导致刑罚力量的过分扩张。综上，笔者认为，公安部的批复不能作为认定犯罪的依据。刑法意义上的卖淫究竟该如何认定，还有赖于对刑法的合理解释。

（二）刑法意义上的卖淫应限于性交和类似性交的行为，不包括手淫行为

2003 年，南京发生了一起震动全国的案件，即李某组织同性卖淫案。被告人李某伙同他人，以营利为目的，招聘大量"公关先生"。李某等人对这些"公关先生"实施严格管理，并在其经营的酒吧内将多名"公关先生"介绍给同性嫖客，由同性嫖客带至酒店从事同性卖淫活动。该案中几人的行为该如何定性，组织同性卖淫是不是刑法意义上的卖淫，在理论界和实务界引起了广泛的讨论。该案最终由江苏省高级人民法院请示最高人民法院，最高人民法院批复以组织卖淫罪定罪处罚告终。这样的处理结果，得到了大部分学者的赞同，但也有少数人表示反对。如有人认为将"同性间性与金钱或财物交易"解释为"卖淫"不是扩大解释，是类推解释在司法实践中的复活，违反了罪刑法定原则。笔者认为，本案和上文提到的"同性卖淫"案颇为相似，都关涉如何认定刑法意义上的卖淫行为。有些时候扩大解释和类推解释之间确实难以界分，而如何在罪刑法定原则的框架内，实现保障人权和保护法益的均衡，是每一个解释者都需要认真思考的问题。

美国著名法学家德沃金曾说，"法律是一种阐释性的概念"。刑法条文是通过对具体犯罪事实，经过刑事立法的抽象化与条文化而制成。在刑事审判过程中，法官为判断具体的犯罪事实是否与刑法条文的抽象规定相一致，从而可以适用该刑法条文对被告人定罪量刑，"首先必须要悟解与阐释该条文的标准意义"。因此，对于刑法中的每一个条文均须加以解释，唯此才能适用于具体的案件。罪刑法定原则并不排斥对刑法的合理解释。如果只是将刑法条文本身已经包括的内容阐释得更为明确而不增加新的内容，这就并不违反罪刑法定原则。质言之，就刑法解释

而言，是否违背罪刑法定原则，关键要考量该解释是否超越了刑法条文的应有之义。

扩大解释，是指法律条文的文义过窄，不足以表示立法的真实含义，于是扩张法律条文的文义，以求正确阐释法律意义内容的一种解释方法。扩大解释为罪刑法定原则所认可。但是相反，禁止类推解释却被公认为是罪刑法定原则的一个内容。类推解释之所以被禁止是因为对法律用语的解释已经离开其文义之范围，超出了国民的预测可能性，于是可能使法律不处罚的行为成为法律处罚的行为。

在理论上，对于"卖淫"有这样两种观点：一种观点认为，卖淫是指以营利为目的，为不特定的人提供非法性交或者其他以满足顾客性需求为内容的性服务的行为。另一种观点认为，卖淫是接受或者约定接受报酬，而与不特定的对方进行性交的行为。笔者认为，这两种观点都值得研究。前者将卖淫的范围扩大到"性服务"，恐怕失之过宽，不当地扩大了处罚范围；而后者将卖淫的范围局限于性交，没有对不断变化的生活事实作出积极回应，也是不合适的。笔者赞同以下观点：卖淫是指以营利为目的，满足不特定对方的性欲的行为，包括与不特定的对方发生性交和实施类似性交行为（如口交、肛交等）。或者说，卖淫包括实施性交行为和某些猥亵行为。但是，组织他人单纯为异性手淫的，或者组织女性用乳房摩擦男性生殖器的，不应认定为刑法中的组织卖淫罪。

这一解释之所以合理，一方面在于它跳出了"将熟悉与必须相混淆"的窠臼。不可否认，在现实生活中，卖淫通常表现为性交行为。于是，人们在解释具体犯罪的构成要件时，习惯于将自己熟悉的事实视为应当的事实，进而认为刑法规范描述的就是这样的事实。但是，人们所熟悉的只是部分有限的事实，而构成要件所描述的是犯罪类型，只要属于某犯罪类型，就被描述该类型的构成要件所涵摄。将口交、肛交等类似性交行为解释为卖淫，是从不断变化的生活事实发现法律的含义。这样做，正视了法律文本的开放性，懂得生活事实会不断填充法律的含义，从而使法律具有生命力。

在实践中，这类案件通常是作为治安案件处理的，真正进入刑事诉讼的并不多见。进入刑事诉讼的案件中，既有认定有罪的，也有判决无罪的。在认定有罪方面，2004 年福州市福清区人民法院审理的汤某容留卖淫案和 2010 年上海市徐汇区人民法院审理的徐某容留卖淫案，法院均认定提供有偿手淫服务属卖淫，犯罪成立。在判决无罪方面，2008 年重庆市黔江人民法院审理的庞某协助组织卖淫案，检方指控的协助组织卖淫罪未获认定。判决认为，对会所提供的女性按摩男性性器官的行为，我国法律没有明确将其规定为卖淫行为，按照法无明文规定不为罪的罪刑法定原则，不能认定为卖淫行为，故庞某在会所的工作服务行为不构成协助组织卖淫罪。

实践中截然对立的处理结果反映了司法人员在这一问题上截然不同的认识。基于上文的观点，加之重庆地区已经出现的一例类似案件，笔者主张，既然提供有偿手淫服务不能视为刑法意义上的卖淫，那么本案中五人的行为就不构成犯罪。

四、处理结果

本案经重庆市合川区人民检察院审查，对吴某、蔚某等五人的行为是否构成犯罪存在较大分歧，决定请示重庆市人民检察院第一分院。第一分院研究后批复：吴某等四人的行为不构成组织卖淫罪，蔚某的行为不构成协助组织卖淫罪。最终，公安机关对该案予以撤销。

（重庆市合川区人民检察院　陈文滔）

21. 贺某涉嫌受贿案

——兼谈国家工作人员身份的认定

一、基本案情

贺某，男，1953 年出生，系重庆市某区建材协会会长、某区经信委临时工作人员。

2001 年至 2010 年，贺某一直协助某区经信委企业发展科办理建材企业项目备案的审查工作，贺某从建材专业角度和政策角度上对申报材料进行审查，之后将申报材料交给承办人具体办理。双方未签订劳动合同，也没有每月领取工资。2011 年 1 月，某区经信委以国有企业改革办公室的名义正式与贺某签订聘用合同，聘用贺某为行政岗位工作人员。

2005 年至 2010 年，贺某利用协助某区经信委企业发展科办理企业新建或技改项目备案审查工作的职务之便，在办理该区多家建材企业的新建项目或技改项目备案过程中，积极向企业推荐某建筑公司退休职工易某来承接上述备案项目的砖窑设计施工业务，后收受易某的贿赂 2.5 万元。2011 年 5 月至 7 月，贺某在办理企业项目备案审查工作中，分别收受 3 家企业的贿赂共计 5.2 万元。

2011 年六七月间，贺某在办理两家公司的技改项目备案中，要求两家公司提供可行性研究报告，两家公司因不了解可行性报告制作便将 4 万元制作费交贺某由贺某找人做，后贺某找到易某由易某免费为其制作了可行性报告。4 万元制作费贺某便据为己有。

二、意见分歧

对于本案的处理，存在四种意见。

第一种意见认为：贺某系其他照依法律从事公务的人员，其具备受贿罪的主体身份，其行为应当构成受贿罪。贺某受经信委的委托，对企业的申报材料进行审查，属于具有"专业技能"的聘用人员，其在履职过程中行使着国家权力，非法收受他人财物，并为他人谋取了利益，应当以受贿罪追究责任。

第二种意见认为：贺某不具备受贿罪的主体身份资格，其行为不构成受贿罪，其行为构成非国家工作人员受贿罪。贺某虽然对企业的申报材料进行了审查，但其发挥的仅仅是一个参谋、建议者作用，他并没有掌握实际的审批权限，不应当认定其行使了国家权力，应当以非国家工作人员受贿罪追究责任。

第三种意见认为：贺某的行为构成诈骗罪。贺某以非法占有的目的虚构了备案企业需要提供可行性研究报告，从而导致两受害人产生错误认识并支付金钱，抛开国家权力机关的层面，单就贺某与支付财物的企业两者来分析，应以诈骗罪追诉其责任。

第四种意见认为：贺某的行为不构成犯罪。

三、评析观点

笔者同意第四种意见。

（一）国家工作人员的判定标准

根据我国相关法律规定，国家工作人员，是指一切国家机关、企业、事业单位和其他依照法律从事公务的人员。包括在国家各级权力机关、各级行政机关、各级司法机关、各级军事机关、国有公司、企业、事业单位中从事公务的人员，以及国家机关、国有公司、企业、事业单位委派到非国有公司、企业、事业单位、社会团体中从事公务的人员。其他依照法律从事公务的人员也属于国家工作人员的范畴。

在本案中，贺某的行为是否构成受贿罪的关键就在于其是否具有"国家工作人员"这一身份，显然，贺某不是国家公务员，也不是占有编制的参公、事业单位工作人员。在 2011 年 1 月前，贺某与某区经信委只有事实劳动关系，2011 年 1 月，当经信委与贺某签订聘用合同后，此时贺某实际上已经成为经信委的临时行政岗位工作人员。就此而言，似乎符合法条中关于"其他依照法律从事公务的人员也属于国家工作人员的范畴"这一规定。

但是，仔细分析后不难发现，法条在评判某人是否为国家工作人员时，一个重要衡量标准是当事人是否具有一定的公务职权。

本案中的贺某是某区建材行业协会的会长，具备一定的建材构造专业知识，正是基于这点，某区经信委才临时聘用其进行备案登记的初步审查。根据《重庆市企业投资核准和备案暂行办法》中的规定来看，贺某的初步审查行为仅仅停留在建材专业和政策法规的层面，没有介入实质的材料申报请示环节，换言之，实际的备案登记权依然在企业发展科经办人的手中，贺某在其中仅仅是起着一个智囊参谋的作用。贺某并没有掌握实际的审批权限，在整个审批流程中也没有发挥决定性作用的空间与可能。

据此可知，虽然贺某具有临时行政工作人员的身份，但其不具有公务职权，其实质要件不符合国家工作人员"利用职务上的便利"的判定标准，不应认定涉嫌受贿罪。

（二）贺某行为的定性

诚如前面提到，贺某因为主体身份不符，无法认定受贿罪，进而有观点提出，贺某的行为涉嫌非国家工作人员受贿罪。

非国家工作人员受贿罪，是指公司、企业或者其他单位的工作人员利用职务上的便利，索取他人财物或者非法收受他人财物，为他人谋取利益，数额较大的行为。

本案中，贺某为某区建材行业协会会长，在其主体身份不构成受贿罪的前提下，贺某收受他人贿赂，为他人谋取利益的行为，似乎满足非国家工作人员受贿罪的构成要件。

但是，非国家工作人员受贿罪真正侵犯的客体是国家对公司、企业以及非国有事业单位、其他组织的工作人员职务活动的管理制度。在市场经济的运行机制中，公司、企业以及事业单位、其他组织，后者如教育、科研、医疗、体育、出版等单位扮演着十分重要的角色。这些单位

贺某涉嫌受贿案

的工作人员通过自己合法的职务活动，使公司、企业、事业单位等在市场经济体制中的角色得以正常而出色的发挥。因此，有关法律对这些单位的工作人员的职务活动作出规范，建立起一套明确的管理制度。非国家工作人员受贿行为则是对这套管理制度的直接侵犯，从而危害公司、企业、事业单位的根本利益，破坏正常的社会主义市场公平竞争的交易秩序。

本案中，贺某的非国家工作人员身份是某区建材协会会长，其收受他人财物的行为并没有侵犯到国家对建材协会的管理制度，没有危害到某区建材协会的合法利益。所以，通过对非国家工作人员受贿罪客体的分析，我们认为贺某的行为也不应当构成此罪。

此外，还有观点提出贺某的行为构成诈骗罪，理由是：贺某因为虚构了备案企业需要提供可行性研究报告，而导致两受害人产生错误认识支付金钱，让其找人做可行性报告，构成诈骗罪。受害人不清楚可行研究报告与备案报告的区别，只知道要做资料，所以为了方便就给了贺某钱财，让其完善资料而能够顺利备案取得备案证。受害人是根据贺某所言产生了错误认识而交付的财产。

诈骗罪，是指以非法占有为目的，用虚构事实或者隐瞒真相的方法，骗取数额较大的公私财物的行为。笔者认为，欺诈行为的核心判断标准，是行为人隐瞒真相或虚构事实的手段达到了使一般人能够产生错误认识的程度。若欺瞒行为没有实际影响到被害人的正常思考和判断、没有超出一般的社会容忍范围，不是欺诈行为。两者之间必须是一一对应的因果关系，欺诈行为使对方产生错误认识，对方产生错误认识是行为人的欺诈行为直接所致，在欺诈行为与对方处分财产之间，必须介入对方的错误认识。如果对方不是因欺诈行为产生错误认识而处分财产，或者欺瞒行为尚不足以影响对方的正常判断，就不成立诈骗罪。

本案中，贺某有虚构事实的情节，也有占有受害人钱财的故意，但其行为只是提供了给被害人做报告的选择，是让他帮忙找人做，还是由受害人自己找人做，最终还是由受害人决定。而受害人并不清楚备案报告与可行性研究报告之间的区别，也没有去调查，只是基于图省事便将钱交给了贺某，故认为在欺诈的程度上还达不到使受害人陷入错误认识而作出处分财产的决定。故不宜认定为诈骗罪。

综上所述，笔者认为对于国家工作人员主体身份的认定，除了在形式上分析其劳动雇佣关系以外，还应当注重在实质上考量当事人掌握的公职权力，对国家工作人员身份的判定，不仅有助于我们区分受贿罪、非国家工作人员受贿罪；同时对于贪污罪、挪用公款罪、渎职罪等一系列身份犯的相关罪名认定都有较高的参考意义。对于贺某的行为，综合主客观因素考虑，笔者认为其不构成犯罪。就受贿罪而言，贺某没有实际的公务职权，主体身份不符；就非国家工作人员受贿罪来说，没有侵犯对应的管理制度和单位利益，客体条件不满足；对于诈骗罪而言，客观方面尚不足以达到使受害人陷入错误认识而作出处分财产的决定的程度。所以，本案是一个非常特殊的案例，贺某的行为不构成犯罪。

四、处理结果

本案经重庆市巴南区人民检察院审查，认为贺某的行为不构成犯罪，对贺某作出不起诉决定。

（重庆市巴南区人民检察院　白恒沧）

22. 廖某滥用职权案

——社区基层组织成员是否符合滥用职权罪主体资格

一、基本案情

被告人廖某，男，1969 年出生，大足县龙岗街道办事处某社区原支部书记。

2003 年至 2008 年期间，廖某担任大足县龙岗街道办事处某社区支部书记，作为退耕还林领导小组成员，具体负责退耕还林政策的宣传、如实上报退耕还林数据等工作。2003 年，大足县龙岗街道办事处负责林业工作的张某与廖某商量，以大户名义将实测面积大于计税面积的 235.525 亩安排到廖某个人账户上用于社区集体开支。之后，在填写分户申报表时，廖某将此事告诉了街道办事处农业服务中心副主任曾某，曾某也同意按这种方式填写分户申报表上报。曾某、张某在明知廖某并未实施 235.525 亩退耕还林的情况下，仍予以通过审查。为了应付县林业局的检查，曾某还安排张某和廖某共同伪造了累丰社区实测大于计税面积的《大足县退耕还林还草分户建卡卡片》和《大足县退耕还林还草合同书》，造成退耕户个人损失 257187.19 元。廖某获得国家退耕还林补贴款后，将补贴款入了办事处"双代管"累丰社区的集体账户中，陆续用于社区集体开支。

二、意见分歧

本案中，曾某和张某滥用职权的犯罪事实清楚，造成损害后果严重，对曾某和张某两人以滥用职权罪立案主体上没有异议。但廖某作为街道办事处社区支部书记，其是否符合滥用职权罪的主体资格，存在两种不同的分歧意见。

第一种意见认为，廖某符合滥用职权罪的主体资格。根据2002年12月28日全国人大常委会《关于〈中华人民共和国刑法〉第九章渎职罪主体适用问题的解释》，"在受国家机关委托代表国家机关行使职权的组织中从事公务的人员……在代表国家机关行使职权时，有渎职行为，构成犯罪的，依照刑法关于渎职罪的规定追究刑事责任"。在本案中，担任街道办事处社区支部书记的廖某作为退耕还林领导小组成员，具体负责退耕还林政策的宣传、如实上报退耕还林数据等工作，其属于受国家机关委托代表国家机关行使职权的组织中从事公务的人员，符合滥用职权罪的主体资格。

第二种意见认为，廖某不符合滥用职权罪的主体资格。滥用职权罪的主体要求是国家机关工作人员。根据2000年4月29日全国人大常委会对《刑法》第93条第2款中"其他依照法律从事公务的人员"的解释，村民委员会等村基层组织人员协助政府从事救灾抢险、国有土地经营和管理等七种行政管理工作时，属于"其他依照法律从事公务的人员"，即属于国家工作人员范畴，但并非国家机关工作人员范畴，将社区基层组织人员作为滥用职权罪的主体于法无据。

三、评析观点

笔者认为，廖某的主体身份符合滥用职权罪的主体资格，应以滥用职权罪追究刑事责任。

（一）滥用职权罪主体资格立法解释的厘清

作为社区基层组织成员廖某的行为是否构成滥用职权罪，主要看其是否符合滥用职权罪的主体资格。司法实践中判断其是否符合滥用职权罪的主体资格，主要依据是2000年全国人大常委会《关于〈中华人民共和国刑法〉第九十三条第二款的解释》（以下简称"2000立法解释"）和2002年全国人大常委会《关于〈中华人民共和国刑法〉第九章渎职罪主体适用问题的解释》（以下简称"2002立法解释"）的规定。"2000立法解释"明确规定，村民委员会等村基层组织人员协助人民政府从事国有土地的经营和管理、土地征用补偿费用的管理等七种行政管理工作的，属于《刑法》第93条第2款规定的"其他依照法律从事公务的人员"以国家工作人员论；"2002立法解释"明确规定，在受国家机关委托代表国家机关行使职权的组织中从事公务的人员在代表国家机关行使职权时，有渎职行为，构成犯罪的，依照刑法关于渎职罪的规定追究刑事责任。由此可见，"2000立法解释"和"2002立法解释"在具体适用社区基层组织人员是否符合滥用职权罪的主体资格时存在包含关系，即"2002立法解释"是在"2000立法解释"的基础上，针对渎职罪主体的进一步规范。

（二）滥用职权罪主体资格立法解释的解读

"2002立法解释"将渎职罪的主体界定为，"在依照法律、法规规定行使国家行政管理职权的组织中从事公务的人员，或者在受国家机关委托代表国家机关行使职权的组织中从事公务的人员，或者虽未列入国家机关人员编制但在国家机关中从事公务的人员，在代表国家机关行使职权时，有渎职行为，构成犯罪的，依照刑法关于渎职罪的规定追究刑事责任。"从立法解释不难看出，虽然渎职罪的主体仍限于"国家机关工作人员"，但已对国家机关工作人员作了扩大解释，根据"2002立法解释"的规定，我们可以将渎职罪的主体划分为以下几类：

1. 在国家机关中从事公务的人员，这类人员即传统意义的国家机关工作人员，主要包括在国家权力机关、行政机关、司法机关和军事机关中从事公务的人员。

2. 在依照法律、法规规定行使国家行政管理职权的组织中从事公务的人员。《行政处罚法》第17条规定："法律、法规授权的具有管理公共事务职能的组织可以在法定授权范围内实施行政处罚。"这一规定表明，在我国除国家机关外，一些非国家机关的组织事实上也行使着行政管理职能。主要包括以下几种情况：一是某些法律、法规直接授权规定某些非国家机关的组织在某些领域行使国家行政管理职权、监督职权，如证监会、保监会，其并不是国家机关，但二者行使的是过去由中国人民银行行使的监督管理权，因而二者具有准国家机关的性质；二是在机构改革中，有些国家机关被调整为事业单位，但仍然保留着某些行政管理的职能，如我国知识产权局、气象局、地震局、科学院等单位；三是在一些非国家机关所设的具有国家机关性质的机构，如铁路、林业、油田等系统内设立的纪检、监察、审计以及公安司法机构等，它们都属于企业编制，但它们事实上行使着国家管理职能，因而应视为国家机关。

3. 在受国家机关委托代表国家机关行使职权的组织中从事公务的人员。实践中，一些国家机关按照一定程序将某些管理职权委托给非国家机关的组织代为行使，受委托组织对外以国家机关的名义行使国家管理职权，其行为的后果由委托的国家机关承担，对于在受委托行使职权的组织中从事公务的人员，应当视为国家机关工作人员。

4. 虽未列入国家机关人员编制但在国家机关中从事公务的人员。如对外代表各级人大或人大常委会履行职能的各级人大代表；各级人民法院的人民陪审员；在监狱行使监管、看守职责的合同制民警、武警战士等。这些人员本身并不属于国家机关工作人员，但当其代表国家机关行使管理职责时，依法可以成为渎职罪的主体。

（三）社区基层组织成员滥用职权罪主体资格的适用

具体结合前面提到的案例而言，作为社区基层组织成员的廖某是否符合滥用职权罪的主体资格可以从以下几个方面进行分析。

首先，廖某的行为应适用全国人大常委会"2002 立法解释"的规定。全国人大常委会"2002 立法解释"是专门针对渎职罪主体适用问题作出的扩张性解释，司法实践中判断渎职罪主体问题时应直接适用"2002 立法解释"的规定。因此，本案中廖某的行为应适用全国人大常委会"2002 立法解释"的规定。

其次，廖某是在受国家机关委托的组织中协助政府开展退耕还林工作。街道办事处是辖区人民政府的派出机关，受辖区人民政府领导，行使辖区人民政府赋予的职权，其性质属于国家行政机关。而社区居民委员会是居民自我管理、自我教育、自我服务的基层群众性自治组织。廖某在担任大足县龙岗街道办事处累丰社区支部书记期间，作为大足县龙岗街道办事处退耕还林领导小组成员，具体负责退耕还林政策的宣传、如实上报退耕还林数据等工作。根据行政诉讼法的相关规定，行政机关在没有法律、法规或者规章规定的情况下，授权其内设机构、派出机构或者其他组织行使职权的，应当视为委托。因此，廖某是在受国家机关委托的组织中协助开展退耕还林工作。

再次，廖某是代表国家机关从事公务。所谓公务，按照《汉语大词典》的解释，是指公事，关于公家或集体的事务。廖某作为社区支部书记，受大足县龙岗街道办事处委托，作为大足县龙岗街道办事处退耕还林领导小组成员，具体负责退耕还林政策的宣传、如实上报退耕还林数据等工作，属于负责各项管理工作，而不是一般事务性工作。因此，廖某的行为应属于从事公务。

最后，司法实践中有农村基层组织成员作为渎职罪主体查处的相关实例。在最高人民检察院渎职侵权检察厅编写的《反渎职侵权工作指导与参考》（2010 年第 5 期）中提到，2008 年上海市奉贤区人民检察院反渎职侵权局在"镇保"领域查处了两名农村基层组织人员滥用职权案。

因此，廖某的主体身份符合"2002 立法解释"关于"在受国家机关委托代表国家机关行使职权的组织中从事公务的人员"的规定，犯罪事实清楚，造成损害后果严重，应以滥用职权罪追究其刑事责任。

四、处理结果

本案经重庆市大足区人民检察院审查，以廖某犯滥用职权罪向本区人民法院提起公诉。人民法院以滥用职权罪依法对廖某作出判决。但是，考虑其认罪态度好、犯罪情节轻微，免予刑事处罚。

（重庆市大足区人民检察院　孟传香）

23. 徐甲、徐乙徇私枉法案

——对不具有特定案件侦查职权的监狱警察的包庇行为如何定性

一、基本案情

被不起诉人徐甲，男，1976 年出生，监狱司法警察；徐乙，男，1970 年出生，监狱司法警察。

徐甲、徐乙分别系重庆市某监狱第一监区正、副监区长。2007 年 10 月 29 日晚，第一监区服刑人员万某某因违反监规被管教民警刘某踢伤腹部，致其外伤性脾破裂，于当晚送医院后手术将脾切除（后经鉴定属重伤）。次日，徐甲、徐乙在得知事件真相后，为不影响本监区业绩考核，并帮助刘某逃避法律处罚，经与刘某共谋，一方面积极与万某某亲属协商"私了"，另一方面说服万某某将自己被踢伤说成是在做压腿运动时不慎被桌子角撞伤，并制作了询问笔录，同时指使服刑人员李某某等三人分别书写了亲笔材料，"佐证"万某某不慎被桌子角撞伤的事实。徐甲、徐乙将上述材料呈报监狱狱政科。狱政科据此得出万某某系意外受伤，作出不予立案的决定，并将上述材料入卷备查。此后，因有网民发帖质疑，狱政科及监狱管理局两次对此事件展开调查，徐甲、徐乙均作了虚假汇报，并授意万某某、服刑人员李某某等人在接受调查时仍按以前的说法继续掩盖事实真相，致使狱政科及监狱管理局维持原错误决定。

二、意见分歧

就本案中徐甲、徐乙的行为如何定性，存在以下四种不同意见：

第一种意见认为，徐甲、徐乙身为司法工作人员，明知管教民警刘某的行为已涉嫌犯罪，应当受到刑事追究，为徇部门利益之私，采取制作虚假的询问笔录、指使他人出具虚假的证明材料以及进行虚假汇报等手段掩盖事实真相，故意包庇刘某使其免受刑事处罚，其行为构成徇私枉法罪。

第二种意见认为，徐甲、徐乙虽身为司法工作人员，但其职责是对服刑人员的监管。根据监狱法的规定，监狱仅具有对狱内罪犯再犯新罪享有侦查权，而对作为管教民警的刘某的犯罪行为不具有侦查权，因此其包庇行为与职权没有关联性，不构成徇私枉法罪，仅构成包庇罪。

第三种意见认为，徐甲、徐乙不构成徇私枉法罪，理由与第二种意见相同，但徐甲、徐乙制作虚假的询问笔录、指使他人出具虚假证明材料的行为系帮助作为当事人的刘某伪造证据的行为，其行为妨害了司法活动的客观公正性，构成帮助伪造证据罪。

第四种意见认为，徐甲、徐乙不构成徇私枉法罪，理由与第二种意见相同，但其利用自身作为监区领导对服刑人员产生的心理威慑，说服被害人万某某作虚假陈述，指使服刑人员李某某等人出具虚假证明材料，以及指使上述人员在接受调查时坚持以前的虚假陈述，其行为本质上系指使他人作伪证，应构成妨害作证罪。

三、评析观点

（一）徐甲、徐乙不构成徇私枉法罪

徇私枉法罪是指司法工作人员徇私枉法、徇情枉法，对明知是无罪的人而使他受追诉，对明知是有罪的人而故意包庇不使他受追诉，或者在刑事审判活动中故意违背事实和法律作枉法裁判的行为。徇私枉法罪系渎职罪中的一种，其前提当然要求行为人有职可渎。若行为人本身不具有某种特定的职权，渎职也就无从谈起，其行为也就不符合渎职罪所规定的法益侵害性。这里的职权，应当是一种具体的职权，不包括抽象的、一般的职权。徇私枉法罪的主体为特殊主体，只有负有刑事追诉职

责的司法工作人员才构成本罪。而所谓追诉是指以追究刑事责任为目的而进行的立案、侦查、起诉和审判活动。根据我国刑事诉讼法对刑事案件管辖的划分，刑事案件的追诉职责分别由公安机关、国家安全机关、监狱、军队保卫部门、人民检察院、人民法院行使。行为人是否具有刑事追诉职责应当根据其所任职务及具体的工作职责进行判断。本案中，徐甲、徐乙作为监狱司法警察，虽系司法工作人员，但其职责主要是对服刑人员的监管。《监狱法》第60条规定，"对罪犯在监狱内犯罪的案件，由监狱进行侦查"。该规定尽管规定了监狱具有侦查权，但这种侦查权所指向的对象仅限于服刑人员在监狱内犯罪的案件。而对于管教民警在监狱内犯罪的案件，如果属于职务犯罪案件应由监狱移送人民检察院立案侦查，如果属于普通刑事案件，则应移送公安机关立案侦查，监狱并无侦查权。同时，监狱内部行使狱内罪犯再犯罪侦查权的部门为狱政科，监区并无侦查职能。另外，司法部《关于监狱、劳教人民警察执法过错责任追究办法》第10条规定："各级监狱、劳教机关由监察和政工部门负责执法过错责任追究的查处工作"，对于执法过错"构成犯罪的，移交司法部门依法处理"。因此，徐甲、徐乙对于管教民警刘某故意伤害服刑人员万某某这一案件，从刑事案件角度而言，不具有追诉职责，从执法过错责任追究角度而言，也不具有查处职责。对此，徐甲、徐乙在案发次日得知事件真相时已然明知。其所实施的说服被害人并制作虚假的询问笔录、指使他人出具虚假的证明材料、进行虚假汇报等行为，并非在履行刑事案件的侦查权。这些行为与其具体的职务权限——监管不具有关联性，与徇私枉法罪所要求的法益侵害性明显不符，其行为不构成徇私枉法罪。

（二）徐甲、徐乙应以包庇罪处罚

徐甲、徐乙在本案中的数行为分别涉嫌包庇罪、帮助伪造证据罪、妨害作证罪，但根据三罪之间的相互关系，应择一重罪——包庇罪处罚。

1. 包庇罪、帮助伪造证据罪、妨害作证罪的界分及相互关系

包庇罪是指明知是犯罪的人而作假证明以掩盖犯罪，使之逃避刑事追究的行为。本罪客观方面表现为向履行刑事追诉职责的司法机关提供虚假证明以掩盖犯罪。行为对象为"犯罪的人"。对"犯罪的人"如何理解，刑法理论上存在不同观点，目前比较为实务界接受的观点认为，

"犯罪的人"是指作为犯罪嫌疑人而被列为立案侦查对象的人，以及暂时没有被司法机关发现作为犯罪嫌疑人，但确实实施了犯罪行为将被司法机关作为犯罪嫌疑人立案侦查的人。包庇罪主观方面表现为故意，即明知是犯罪的人而予以包庇。

帮助伪造证据罪是指帮助诉讼活动的当事人伪造证据，情节严重的行为。这里的"当事人"并非限指诉讼活动开始后程序法意义上的"当事人"，而是为了把因缺乏期待可能性的行为人伪造自身作为当事人的案件证据这一情形排除在犯罪之外所作的关于帮助对象的界定。因此，帮助当事人伪造证据可以发生在诉讼活动开始之前，也可以发生在诉讼活动进行中。这里的"帮助"，并非帮助犯意义上的帮助，而是指为当事人伪造证据，从而把当事人本人伪造证据排除在本罪之外。帮助伪造证据包括：行为人单独为当事人伪造证据；行为人与当事人共同为当事人伪造证据；行为人为当事人伪造证据准备工具提供各种条件和便利；行为人教唆当事人伪造证据等。这里的"伪造"既包括无中生有的伪造，也包括对真实的证据进行加工以改变其证明价值的变造。这里的"证据"不限于已经查证属实、作为定案依据的证据，而应包括一切证据资料或证据素材，既包括实物证据，也包括具有一定载体的物化的言词证据。

妨害作证罪是指以暴力、威胁、贿买等方法阻止证人作证或者指使他人作伪证的行为。本罪客观方面表现为以暴力、威胁、贿买等方法阻止证人作证或者指使他人作伪证。阻止证人作证中的"证人"应从广义上理解，除证人之外，还应当包括被害人、鉴定人。指使他人作伪证中的"他人"则不限于证人，应指行为人之外的任何人。指使根本不了解案情的人作证，同样构成本罪。行为手段除刑法条文所列举的"暴力、威胁、贿买"之外，还包括"请求"、"指使"、"诱使"、"劝说"等。同样，妨害作证罪既可发生在诉讼活动开始前，也可发生在诉讼活动进行中。其主观方面表现为故意，即明知自己妨害作证的行为会妨害司法活动的客观公正性，并且希望或放任这种结果发生。

包庇罪、帮助伪造证据罪、妨害作证罪在所侵害的法益、行为主体、主观构成要件上基本相同，区分三罪的关键在于客观行为表现方式。帮助伪造证据罪是1997年刑法修订时新增加的罪名。旧刑法没有规定帮助伪造证据罪。刑法理论一直将帮助当事人伪造无罪或罪轻的证据作为包庇行为的表现形式之一，涵盖在包庇罪的构成之中。新刑法将帮助伪造证据罪从包庇罪中独立出来之后，包庇罪与帮助伪造证据罪之间形成法条竞合关系，即包庇罪为普通条款，帮助伪造证据罪为特别条款。从法条竞合的处理原则而言，当一个行为同时触犯同一法律的普通条款和特别条款时，在通常的情况下，应依照特别法条优于普通法条的原则论处。因此，如果行为人只实施了帮助当事人伪造无罪或罪轻证据的行为，应优先适用《刑法》第307条第2款，以帮助伪造证据罪处罚。但实践中，常常有行为人既帮助当事人伪造无罪或罪轻的证据，又将所伪造的证据向司法机关出示，并向司法机关作虚假证明以包庇当事人。对于这种情形，笔者认为，应当将前行为即帮助伪造证据的行为视为后行为即包庇行为所经过的阶段，后行为系前行为发展的当然结果，按照吸收犯关于重行为吸收轻行为的处断原则，以重行为包庇罪一罪论处。

妨害作证罪也是1997年刑法新增的罪名，其与包庇罪之间在一定情况下也存在法条竞合关系。因为在刑事诉讼中，包庇行为本质上是掩盖、祖护犯罪之人之事的行为。现行刑法分则一共规定了9种广义上的包庇行为，每一种包庇行为规定了独立的罪名，其中包括妨害作证罪。以暴力、威胁、贿买等手段阻止证人作出犯罪嫌疑人、被告人有罪或罪重的证言或指使他人作出犯罪嫌疑人无罪或罪轻的伪证，客观上会导致犯罪嫌疑人、被告人逃避应有的法律处罚，既触犯妨害作证罪这一特别法条，又触犯包庇罪这一普通法条，在通常情况下，应适用特别法条以妨害作证罪认定。但妨害作证罪与包庇罪在一定情况下，存在牵连关系。如果行为人基于包庇犯罪嫌疑人的主观目的，既指使他人作出犯罪嫌疑人无罪或罪轻的伪证，又实施了向司法机关作假证明的行为。对于这种情形，笔者认为应将妨害作证的行为认定为手段行为，作假证明包庇的行为认定为目的行为，二者具有手段行为和目的行为的牵连关系，应按牵连犯择一重罪——包庇罪处罚。

妨害作证罪与帮助伪造证据罪从客观行为表现方式上比较容易区分，但二者在某些情况下存在想象竞合关系。例如，行为人指使、帮助证人、被害人出具虚假的书面言词证据，既是指使他人作伪证的行为，又是在帮助当事人伪造证据的行为，属于一行为触犯数个罪名的情形，对此应按照想象竞合犯的处断原则，择一重罪处罚。比较二罪的法定刑，妨害作证罪重于帮助伪造证据罪，应以妨害作证罪认定。

2. 徐甲、徐乙的行为应以包庇罪认定

基于前述分析，全面审视、评价徐甲、徐乙在本案中的行为，笔者认为对徐甲、徐乙应以包庇罪认定。徐甲、徐乙在本案中一共实施了五个行为，即说服被害人万某某并制作虚假的询问笔录、指使李某某等三人出具虚假的证明材料、向狱政科提供和出示前述材料、在接受调查时进行虚假汇报、指使万某某和李某某等人在接受调查时坚持以前的虚假陈述。其中，说服被害人万某某并制作虚假的询问笔录和指使李某某等三人出具虚假证明材料的行为，既是帮助作为当事人的刘某伪造证据的行为，同时也是指使万某某、李某某等人作伪证的行为，二者具有想象竞合关系，应按重罪——妨害作证罪认定。指使万某某、李某某等在接受调查时坚持以前的虚假陈述的行为显系妨害作证的行为。将所伪造的证据材料向具有侦查职能的狱政科提交、出示以及进行虚假汇报，属于向司法机关作假证明的包庇行为（尽管狱政科的侦查权仅限于狱内罪犯再犯罪案件，但在被害人万某某受伤是狱内服刑人员致伤还是管教民警致伤不明确之前，其所进行的专门调查活动仍具有侦查的属性）。再将前后五个行为联系起来审视，不难发现，徐甲、徐乙掩盖本案事实真相，帮助管教民警刘某逃避刑事处罚是最终目的，在此目的支配下，既实施了妨害作证的行为（其中部分妨害作证行为与帮助伪造证据行为具有想象竞合关系），又实施了包庇行为，妨害作证行为服务于包庇行为，系手段行为，包庇行为系目的行为，二者具有手段行为与目的行为之间的牵连关系，应按牵连犯择一重罪处罚。比较妨害作证罪与包庇罪的法定刑，无疑包庇罪的法定刑更重，因此，全案应以包庇罪认定。如果按照帮助伪造证据罪或妨害作证罪定性，将不足以涵盖徐甲、徐乙在本案中的全部行为，必然会造成罪刑不相适应的结果。

综上所述，笔者认为，在办理监狱民警涉嫌徇私枉法的案件时，应充分考察行为人是否具有对具体案件的侦查权、有无刑事追诉职责、其行为与职责之间有无明确具体的关联性。在行为人实施了多种帮助当事人逃避刑事处罚的行为时，应认真分析各行为的性质、地位及相互关系，坚持全面审查，理性评判，以克服办案过程中的局限性、片面性。

四、处理结果

经重庆市江北区人民检察院审查并请示上级人民检察院，决定对徐甲、徐乙以帮助伪造证据罪作微罪不起诉处理。

（重庆市江北区人民检察院　何明中）

［民事行政案例］

1. 重庆长途汽车运输（集团）有限公司亨通大酒店出租车公司诉刘某某案

——出租车驾驶员的事实劳动关系认定

一、基本案情

重庆长途汽车运输（集团）有限公司亨通大酒店出租车公司（以下简称亨通公司）工商登记经营范围为普通货运、出租客运、汽车零部件销售。彭某某与亨通公司签订《载客出租车租赁经营合同书》获得渝C49793出租车经营权。合同书约定："车主向亨通公司缴纳租金和车辆规费即获得车辆经营权；亨通公司对车辆进行管理。车主必须缴纳保险、赔偿保障金、安全保证金、车主不得将车交给未经亨通公司审查合格的人员驾驶，否则视为违约。"刘某某办理了亨通公司要求的出租车驾驶员所有从业资格证，按期参加从业人员学习培训，向公司缴纳了安全保证金、优质服务安全保证金。亨通公司为刘某某办理了"永川区城市公共交通客运服务监督卡"、"永川区城市公共交通客运从业人员学习登记证"，证件上载明的单位均为"亨通公司"。2008年11月17日，刘某某经彭某某同意开始驾驶渝 C49793 出租车从事营运，劳务报酬由车主彭某某支付。亨通公司、彭某某均没有与刘某某签订书面聘用或解除聘用协议。后经刘某某申请，重庆市永川区劳动仲裁委员会作出仲裁裁决认为刘某某与亨通公司双方存在事实劳动关系。亨通公司认为该仲裁裁决侵犯了其合法权益，于 2009 年 7 月 2 日起诉至重庆市永川区人民法院。

二、原审裁判

重庆市永川区人民法院一审判决认为，刘某某具备亨通公司要求的从事出租车驾驶资格条件。刘某某在从业条件有效期内驾驶同为亨通公司所有的渝 C49793 出租车从事出租客运载客服务，双方形成事实劳动关系。判决：自 2008 年 11 月 17 日起，亨通公司与刘某某之间事实劳动关系成立。

亨通公司不服一审判决提出上诉，请求依法判决双方之间不存在事实劳动关系。

重庆市第五中级人民法院二审判决认为，刘某某驾驶的渝 C49793 号出租车的经营权、管理权及指标所有权虽然属亨通公司所有，但亨通公司已将该车出租给彭某某，而刘某某驾驶渝 C49793 出租车期间既未与亨通公司签订劳动合同，同时又无证据证实从事由亨通公司安排的有报酬的劳动，加之刘某某驾驶渝 C49793 出租车的劳务报酬由彭某某支付，故原审判决认定刘某某与亨通公司存在事实劳动关系缺乏事实依据，应予纠正。判决：（1）撤销重庆市永川区人民法院（2009）永民初字第 2990 号民事判决；（2）重庆长途汽车运输（集团）有限公司亨通大酒店出租车公司与刘某某之间不存在事实劳动关系。

三、抗诉理由

重庆市人民检察院抗诉认为，刘某某与亨通公司之间事实劳动关系成立。理由是：第一，本案租赁人彭某某作为自然人，不具备经营出租客运的资质，亦无用工主体资格，刘某某的用工主体仍然是亨通公司。且根据国务院办公厅《关于进一步规范出租汽车行业管理有关问题的通知》（国办发〔2004〕81 号）及《重庆市人民政府关于进一步清理整顿出租汽车客运市场的实施意见》（渝府发〔2005〕27 号）文件精神，出租汽车企业与驾驶员具有劳动关系，并应签订劳动合同。第二，确亨通公司为刘某某提供了劳动条件，亦对刘某某进行了劳动管理和劳动服务质量监督。第三，刘某某以亨通公司员工名义从事出租客运工作，其提供的劳动属于亨通公司业务的组成部分。第四，彭某某聘用刘某某等行为应视为代表亨通公司进行管理的行为，其效力应作用于渝 C49793 号车的产权人即亨通公司。根据《关于确立劳动关系有关事项的通知》（劳社部发〔2005〕12 号）第 1 款规定，刘某某与亨通公司之间虽然没有签订书面劳动合同，但足以认定双方之间存在事实劳动关系。二审法院以亨通公司与彭某某存在租赁合同关系以及刘某某未直接从亨通公司领取劳动报酬为由，认定刘某某与亨通公司之间事实劳动关系不成立，显属不当。

四、评析观点

本案中，由于亨通公司与彭某某签订了《载客出租汽车租赁经营合同》，彭某某成为渝 C49793 号出租车的实际控制人，刘某某也是应其聘请驾驶该车从事营运工作。所以在厘清刘某某与亨通公司、彭某某之间的法律关系之前，必须对亨通公司与彭某某之间基于《载客出租汽车租赁经营合同》所产生的法律关系进行明确。

出租车的车辆本身作为一种法律意义上的物，具有以物权为根本的财产权，以及在物权基础上产生的使用，收益、处分等财产权利。而出租车行业的基本属性是提供个体性公共交通服务的一种城市公用事业，具有服务个体性、运营分散性和一定市场性的特征，涉及载客运输的规范、乘客的安全保障、市场的规模限制等诸多问题，需要公权力进行规范和管理。目前，我国的做法是通过行政许可，以出租车行业特许经营权的形式对出租车营运的主体资格、车辆数量、营运地域进行限制。这种行政许可限制使得出租车成为特定的市场主体所专有的稀缺资源，享者可以基于此营运出租车并获取利益，其他人则不能，因而出租车行业特许经营权具有一定的价值，但它本身只是一个行政许可，不是民法意义上的财产。同时，出租车行业的公益性和特许经营制度决定了出租车经营权的转让受到诸多限制，如受让的主体必须符合法定条件，必须能够承担起社会公共服务责任，并且转让行为必须经过行政主管部门依照法定程序进行审批等。就本案而言，我们可以得出这个结论：出租车营运包括车辆和租车行业特许经营权两个要素。其中，车辆是民法范畴上的物，可以成为民事法律关系中的标的或标的物；出租车行业特许经营权不是民法意义上的财产，不能随便地成为出让、出租、出借等民事法律关系中的标的或标的物。

　　彭某某与亨通公司签订的《载客出租汽车租赁经营合同》约定：彭某某向亨通公司缴纳租金和车辆规费即获得车辆经营权。由此可见，彭某某以"租赁"的方式，不仅仅取得了渝 C49793 号车辆的使用权，同时取得了亨通公司名义下的该车辆的出租车行业特许经营权。合同法范畴上的租赁合同是出租人将租赁物交付承租人使用、收益，承租人支付租金的合同，是转让财产使用权的合同。彭某某没有依据法定的转让程序取得的出租车行业特许经营权，且出租车行业特许经营权不应当、也不可能成为彭某某与亨通公司之间租赁关系的标的，所以《载客出租汽车租赁经营合同》不具备租赁合同的基本特征，彭某某与亨通公司之间建立的并不是租赁关系。彭某某不享有出租车营运的资格，渝 C49793 号出租车的产权、经营权、及指标所有权仍属亨通公司所有，该车对外只能以亨通公司的名义从事营运。依照《载客出租汽车租赁经营合同》约定"车主必须缴纳保险、赔偿保障金、安全保证金、车主不得将车交给未经亨通公司审查合格的人员驾驶"，彭某某自身也受到亨通公司的管理和制约。因此，彭某某与亨通公司之间关于转让渝 C49793 号出租车经营权的约定，应是内部承包关系，不能对外部第三人产生效力。

　　在明确了彭某某与亨通公司之间的内部承包关系的前提下，基于本案查明的事实，再来分析刘某某与亨通公司、彭某某之间的法律关系就显得相对容易。

　　在出租车营运这个问题上，彭某某与亨通公司之间的内部承包关系决定了彭某某自身没有独立的对外从事民事活动的能力和权利，其任何行为都只能视为代表亨通公司作出，法律后果也应由亨通公司承担。彭某某聘请刘某某驾驶渝 C49793 号出租车从事营运工作，实质上是代表亨通公司作出的，而彭某某与刘某某之间并没有直接建立起劳动或劳务关系。同时，彭某某与亨通公司签订的《载客出租汽车租赁经营合同》对刘某某也没有约束力。

　　关于刘某某与亨通公司之间是否具有劳动关系的问题，把本案已查明的证据进行整理后，可以得出这样一组事实：（1）亨通公司工商登记经营范围为普通货运、出租客运、汽车零部件销售；（2）亨通公司为刘某某办理了"永川区城市公共交通客运服务监督卡"和"公共交通客运从业人员学习登记证"，该证件上的"单位"一栏载明是"亨通公司"；（3）刘某某遵守亨通公司的规章制度，按期参加从业人员学习培训；（4）刘某某向亨通公司缴纳安全保证金和优质服务安全保证金；（5）彭某某代表亨通公司聘请刘某某驾驶该公司的渝C49793号出租车从事营运工作，并由向其支付报酬。依据前述事实可以推论出刘某某与亨通公司之间符合以下情形：（1）用工主体资格合法；（2）亨通公司制定的各项劳动规章制度适用于刘某某，刘某某受亨通公司的劳动管理，从事亨通公司安排的有报酬的劳动；（3）刘某某提供的劳动是亨通公司业务的组成部分。因此，结合劳动和社会保障部《关于确立劳动关系有关事项的通知》（劳社部发〔2005〕12号）的相关规定，可以认定尽管刘某某与亨通公司之间没有签订书面劳动合同，但已经形成了事实劳动关系。

另外，针对出租车行业用工关系的问题行政机关也出台了相应的文件进行规范。国务院办公厅《关于进一步规范出租汽车行业管理有关问题的通知》明确要求："各地……依法理顺出租汽车企业与司机的劳动用工关系，切实保障司机的合法权益。出租汽车企业必须依法与司机签订劳动合同……"《重庆市人民政府关于进一步清理整顿出租汽车客运市场的实施意见》（渝府发〔2005〕27号）第5条第1项载明："……出租汽车企业必须依法与驾驶员签订劳动合同……"可见，行政机关为保护劳动者合法权利，以规范性文件的形式认定出租汽车企业与其驾驶员之间已形成劳动关系，并为了规范这一劳动关系，要求双方签订必须劳动合同。本案，刘某某与亨通公司的用工关系属于上述两个文件的规定的应当签订劳动合同的情形，双方未按行政机关规定签订劳动合，仍应认定双方的事实劳动关系成立。

五、再审结果

重庆市高级人民法院提审认为，尽管彭某某与亨通公司之间签订了租赁合同，但出租车经营权并没有随之转移，用工主体仍然只能是亨通公司。刘某某与亨通公司之间虽然没有签订书面劳动合同，但符合法律法规规定的产生劳动关系的情形，双方已经形成了劳动关系。原二审法院认定事实清楚，但对租赁关系的性质认定不当，应予纠正。判决：

（1）撤销重庆市第五中级人民法院（2009）渝五中法民终字第 4051 号民事判决；（2）维持重庆市永川区人民法院（2009）永民初字第 2990 号民事判决。

（重庆市永川区人民检察院　曹勤　吴军）

2. 钟某云等诉陈某利、钟某明解除合同、返还财产纠纷案

——无权处分行为的效力及不动产善意取得的认定

一、基本案情

申诉人（一审原告、二审上诉人）：钟某云，男，59岁。

申诉人（一审原告、二审被上诉人）：钟某凤，女，53岁。

申诉人（一审原告、二审被上诉人）：钟某容，女，51岁。

申诉人（一审原告、二审被上诉人）：钟某秀，女，47岁。

申诉人（一审原告、二审被上诉人）：冯某雄，女，56岁。

被申诉人（一审被告、二审上诉人）：陈某利，男，52岁。

被申诉人（一审被告、二审第三人）：钟某明，男，53岁。

钟某云是钟某良与前妻钟龙氏生育之子，钟某凤、钟某容、钟某秀是钟某良与熊某云再婚后共同生育的

女儿，熊某云再婚前与他人所生之女冯某雄亦随钟某良、熊某云共同生活。钟某明是钟国良之子、钟某良之侄子（钟国某与钟某良系兄弟关系）。钟某良于1987年去世，熊某云于2003年3月去世。二人去世后，留有原魁星阁坎下（现位于重庆市沙坪坝区虎溪镇糠市街36号）的旧房三间等遗产。后该房屋由钟某明和其父母居住使用。2002年2月1日，钟某明（甲方）与陈某利（乙方）订立房屋买卖协议书一份，约定：甲方将虎溪镇糠市街36号房屋一幢（面积为45平方米）出售给乙方，房价款为1500元。钟某明之弟钟某勇作为见证人在该协议书上签了字。陈某利给付买房款之后，钟某明当即交给陈某利中华民国34年钟某良的购房契约一份，在钟某明出具给陈某利的房款收条上载明的付款金额为4000元。重庆市沙坪坝区虎溪镇虎兴社区居民委员会在协议上盖了公章。后钟某明将房屋交付给陈某利。

另查明，本案讼争房屋因产权存在争议，在1990年行政管理部门统一登记确权发证时未予确权登记。该事实有重庆市沙坪坝区虎溪镇城建国土所出具的证明证实。

2006年8月28日，钟某云等五人向重庆市沙坪坝区人民法院起诉，要求废止钟某明与陈某利签订的房屋买卖合同，停止侵害并返还讼争房屋。

二、原审裁判

重庆市沙坪坝区人民法院一审认为，原、被告之间所争议的房屋，应属钟某良所有是一个不争的事实。五原告作为钟某良和熊某云的子女，在钟某良、熊某云死亡后，没留有遗嘱时，五原告对其所有的依法享有继承权。在没有其他第一顺序的法定继承人的情况下，诉争房屋依法应属五原告共同所有。钟某明仅仅只是钟某良的侄儿，并非钟某良的法定继承人。虽然钟某明与其父母长期在该争执房内居住，并持有钟某良购房的原始契约，但不能当然地认定钟某明对该房享有所有权。钟某明、陈某利也没有向本院提供证据证明该房屋为钟某明所有。因此，钟某明对该房屋的处分如果没有权利人的授权，就无权处分。现五原告对钟某明将房屋卖给陈某利的行为又不追认，因此二被告的房屋买卖协议为无效协议。陈某利以钟某明长期居住和持有原始契约为由，来推定该房屋所有权人为钟某明，缺乏法律依据，故陈某利辩解其是房屋买卖行为中的善意第三人，该协议为有效协议的相关理由不能成立。遂判决：（1）解除钟某明与陈某利于 2002 年 2 月 1 日所订立的房屋买卖协议。（2）由钟某明、陈某利将诉争房屋返还给钟某云、钟某凤、钟某容、钟某秀、冯某雄。

陈某利不服一审判决，向重庆市第一中级人民法院提出上诉。该院二审认为，尽管居委会非属户籍管理部门，其出具的关于五被上诉人与钟某良、熊某云血缘关系的证明欠缺权威性，但根据优势证据规则，结合本案的具体情况，在原审被告钟某明表示承认、而上诉人陈某利又未举示任何相反证据的情形下，原判确认五位被上诉人系钟某良、熊某云的遗产继承人并无不当。但即便排除本案讼争房屋的产权争议、被上诉人关于该房屋为钟某良、熊某云的遗产而五位被上诉人系该遗产的继承人、钟某明将讼争房屋卖与陈某利的行为系无权处分行为的主张成立，被上诉人请求解除钟某明与陈某利签订的房屋买卖协议也缺乏法律依据。因为合同解除权仅能由合同当事人依据约定或法定条件行使，而被上诉人既非房屋买卖协议的当事人，其主张的事由也非属法定合同解除情形，故其要求解除钟某明与陈某利签订的房屋买卖协议的请求本院不予主张。其要求陈某利返还讼争房屋的请求本院亦相应不予主张。上诉人的上诉理由部分成立，本院予以支持。原判认定事实清楚，但适用法律错误，应予改判。遂判决：（1）撤销重庆市沙坪坝区人民法院（2006）沙民初字第 2785 号民事判决；（2）驳回原告钟某云、冯某雄、钟某凤、钟某容、钟某秀的诉讼请求。

三、抗诉理由

钟某云等五人不服二审判决，向检察机关申诉。重庆市人民检察院第一分院审查后认为原审裁定适用法律不当，认定事实错误，向重庆市人民检察院提请抗诉，重庆市人民检察院向重庆市高级人民法院提出抗诉。抗诉理由是：

（一）原审判决书认定本案案由为解除合同、返还财产纠纷错误

经查，钟某云等五人在起诉状中的诉讼请求是废止合同，停止侵害并返还财产，但在原审人民法院却在判决书上认定本案案由为解除合同、返还财产纠纷，显然是一审人民法院法官改变了当事人的诉讼请求。对于一审人民法院法官改变当事人诉讼请求的情况，当事人根本不知情。

而原二审人民法院发现一审判决书认定本案案由不当后，没有向当事人释明变更本案案由的任何情形，就撤销原判，驳回钟某云等五人的诉讼请求，故二审判决亦不当。

（二）钟某云等五人的起诉本意为确认《房屋买卖协议》无效

因为原一、二审人民法院均认定本案讼争房屋为钟某良所有，钟某云等五人系钟某良、熊某云的子女，钟某明系钟某良的侄子，对此事实双方当事人没有争议。但原审法院在认定事实时已经明确钟某明将讼争房屋卖与陈某利的行为系无权处分的行为，却又主观臆断钟某云等五人的诉讼请求为解除钟某明与陈某利签订的《房屋买卖协议》，故原审法院认定钟某云等五人的诉讼请求显然与钟某云等五人起诉的本意不符，系认定事实不清。因该讼争房屋系钟某云等五人共同所有，钟某云等五人要求返还讼争房屋合法有据，二审人民法院不能因为其无权解除《房屋买卖协议》，就对钟某云等五人要求返还讼争房屋的诉讼请求不予支持。原二审判决不符合诉讼经济的原则。

四、评析观点

（一）关于案由的确定问题

根据民事诉讼的"不告不理"原则以及辩论主义和处分权主义的要求，法院必须尊重当事人的辩论权和处分权。反映在当事人的诉讼请求上，就是法院必须尊重当事人的诉讼请求，非在特殊情形下，不得任意变更，否则就违反了"不告不理"原则的要求，是对当事人辩论权和处分权的侵害。何为特殊情形，司法解释有明文规定，最高人民法院《关于民事诉讼证据的若干规定》第35条规定："诉讼过程中，当事人主张的法律关系的性质或者民事行为的效力与人民法院根据案件事实作出的认定不一致的，不受本规定第三十四条规定的限制，人民法院应当告知当事人可以变更诉讼请求。"这要求即使在特殊情形下，人民法院需要变更当事人诉讼请求的，也得履行必要的告知程序。

在本案中，钟某云等五人在起诉状中的诉讼请求是废止合同、停止侵害并返还财产，原一审人民法院将案由确定为房屋侵权纠纷，但原一审人民法院在判决书上却认定本案案由为解除合同、返还财产纠纷，显然改变了当事人的诉讼请求。对于原一审人民法院法官改变当事人诉讼请求的情况，当事人根本不知情。原一审人民法院法官的程序行为不当，已经违反了前述最高人民法院《关于民事诉讼证据的若干规定》的规定。之后，在原二审人民法院发现一审判决书认定本案案由不当后，也没有向当事人释明变更本案案由的任何情形就撤销原判，驳回钟某云等五人的诉讼请求，原二审人民法院的判决也违反了前述规定。再审之时，法官对"废止合同"进行了正确的解释，符合了原告的本意，也是符合实际情况的。

（二）关于无权处分行为的效力认定问题

本案的情形在实践中也经常出现，即由一个无权处分的债权行为引发了一个物权行为，导致该债权行为和物权行为均为无权处分，此时对该债权行为和物权行为的效力如何认定。在法律上，对于无权处分的物权行为和无权处分的债权行为，其效力认定是不同的。对于前者，其效力很好认定，无权处分的物权行为无效，这是为了更好地保障物权这种静态法律关系；而对于后者，其效力认定较前者复杂，无权处分的债权行为效力待定，如果事后经权利人追认可变为有效，如果没有获得权利人追认则为无效。我国《合同法》第51条规定："无处分权的人处分他人财产，经权利人追认或者无处分权的人订立合同后取得处分权的，该合同有效。"

本案中，诉争房屋应属于钟某云、冯某雄、钟某凤、钟某容、钟某秀共有。钟某明系钟某良的侄儿，虽然长期在该房内居住，持有钟某良购房的原始契约，但并不对该房屋享有所有权，在没有得到所有权人授权的情况下无权对该房屋进行处分。且钟某云等五位共有人对钟某明的行为不予追认，故该房屋买卖协议应为无效，钟某明出卖该房即构成对产权人权利的侵犯。

（三）关于不动产善意取得的认定问题

善意取得制度是物权法上的一项重要制度，也是所有权取得的一种方式。本案主要涉及不动产善意取得制度，即受让人信赖登记证书而与无权处分不动产的让与人交易，如受让人取得该不动产时系出于善意，则取得该不动产的所有权，原不动产所有权人不得要求受让人返还原物。

物权法的一大亮点就是正式、统一确立了动产和不动产的善意取得制度。其第106条规定："无处分权人将不动产或者动产转让给受让人的，所有权人有权追回；除法律另有规定外，符合下列情形的，受让人取得该不动产或者动产的所有权：（一）受让人受让该不动产或者动产时是善意的；（二）以合理的价格转让；（三）转让的不动产或者动产依照法律规定应当登记的已经登记，不需要登记的已经交付给受让人。"

具体到本案中，陈某利虽主张自己的行为构成善意取得，但笔者认为其行为仅符合第（二）项要件，但不符合第（一）、（三）项。据查，本案讼争房屋因产权存在争议，在1990年行政管理部门统一登记确权发证时未予确权登记，充分说明钟某明与陈某利的房屋买卖行为未经过物权登记。在未经登记的前提下，自然不存在陈某利"善意信赖登记"的情形。反而，陈某利在购房时未尽足够的审查义务，其主张自己为"善意"的理由明显不能成立。因此，陈某利的行为不构成不动产善意取得。其对钟某云、冯某雄、钟某凤、钟某容、钟某秀五人共有的房屋也就构成无权占有，理应返还权利人。

五、再审结果

重庆市高级人民法院受理抗诉后裁定重庆市第一中级人民法院进行再审。重庆市第一中级人民法院再审后认为：在本案中，钟某云等五人在向人民法院提起诉讼时的请求虽是"要求依法废止二被告之间的侵权房屋买卖合同，返还其共有继承的父母遗产"，但他们在庭审中明确要求确认钟某明与陈某利签订的房屋买卖协议无效并返还财产（房屋），且原审人民法院在庭审时亦对原告的诉讼请求进行了确认，而人民法院在未征得当事人同意的情况下将案由确定为"解除合同、返还财产"不当，应当更正。钟某云等五人作为钟某良和熊某云的子女，在钟某良和熊某云夫妇死后且没有遗嘱的情况下，对诉争房屋依法享有继承权。钟某明并不对该房屋享有所有权，在没有得到所有权人授权的情况下，无权对该房屋进行处分。且钟某云等五共有人对钟某明的行为不予追认，故该房屋买卖协议应为无效，钟某明出卖该房构成对产权人权利的侵犯。陈某利在购房时未尽审查义务，辩称自己属于善意取得的理由不能成立，其对钟某云等五人共有的房屋系无权占有。遂判决：（1）撤销原一、二审判决；（2）钟某明与陈某利签订的房屋买卖协议无效，并由钟某明与陈某利将争议房屋返还给钟某云等五人。

（重庆市人民检察院第一分院　陈涛）

3. 陈某等诉原大足县棠香街道报恩社区第一居民组征地安置补偿费再审检察建议案

——集体土地补偿费应当如何分配

一、基本案情

1988 年 11 月 30 日，陈某与原大足县棠香街道办事处报恩居民委员会三社（以下简称报恩三社）村民向某登记结婚，并成为报恩三社农业户口村民，同时在报恩三社分有承包土地。1990 年 6 月，陈某与向某离婚。1991 年 2 月，陈某与大足县食品公司西门食品加工厂职工唐某元（非农业人口）结婚，并于 1992 年生育女儿唐某，1997 年生育儿子唐某某。唐某于出生当年入户于报恩三社，唐某某于 2000 年入户于报恩三社，两人均系农业户口。2002 年，大足县棠香街道报恩村变更为棠香街道办事处报恩社区居委会，将原报恩一、二、三、十三社合并为大足县棠香街道报恩社区第一居民组。陈某、唐某、唐某某的农业户口于 2004 年转为非农业户口。

自 20 世纪 80 年代中期以来，报恩三社集体土地被多次征用，每次征地报恩三社都获得了征用土地补偿、安置补助等费用。每次征地后，该社均以调整承包地方式予以安置本社农业人口，并将所得的征地补偿费和安置补助费平均分配给本社村民。自陈某离婚和唐某入户后至起诉时，报恩三社参与分配的村民每人分得 18300 元；自唐某某入户后至起诉时，参与分配的村民每人分得 10860 元。报恩三社以陈某、唐某、唐某某三人没有承包土地，没有承担村民交纳农业税的义务为由，不分配征地补偿费和安置补助费给陈某、唐某、唐某某，双方由此发生纠纷。2002 年 11 月，陈某、唐某、唐某某向大足县棠香街道办事处调解中心申请调解。该调解中心认为，陈某、唐某、唐某某应属报恩三社的村民，作出了报恩三社应依法分给陈某、唐某两人土地征用安置补偿费的调解意见。报恩三社以该调解是单方面作出不具有约束力为由，不予认可。2002 年 12 月 26 日，陈某、唐某、唐某某三人向重庆市大足县人民法院提起民事诉讼，要求人民法院判令报恩三社分给其土地征用补偿安置费，其中陈某 18300 元、唐某 18300 元、唐某某 10860 元。

二、原审判决

2003 年 4 月 28 日，大足县人民法院作出民事判决认为：被告报恩三社的集体土地被多次部分征用后，虽获得了征用土地的各项费用，但三名原告对其落户报恩三社期间该社被征用过土地多少次，每次征用土地被告所获得的征地款中是否有安置补助费，安置补助费应为多少，以及在每一次征用土地过程中三名原告是否属安置人员等未举证予以证明，因此，三名原告诉请分配安置补助费的证据不足，判决驳回原告陈某、唐某、唐某某的诉讼请求。一审判决后，陈某等三人不服，向重庆市第一中级人民法院提出上诉。2003 年 9 月 1 日，重庆市第一中级人民法院作出终审判决，判决驳回上诉，维持原判。

三、再审检察建议理由

二审判决后，陈某等三人仍不服，于 2004 年 9 月向大足县人民检察院提出申诉，大足县人民检察院审查后建议重庆市人民检察院第一分院提请重庆市人民检察院向重庆市高级人民法院提出抗诉。重庆市人民检察院第一分院提请重庆市人民检察院抗诉。2005 年 4 月，重庆市人民检察院向重庆市高级人民法院提出抗诉。2005 年 12 月，重庆市第一中级人民法院再审后维持原审判决。再审判决生效后，陈某等三人不服，向大足县人民检察院申诉。重庆市大足县人民检察院请求重庆市人民检察院第一分院对该案复议后建议重庆市人民检察院将该案提请最高人民检察院向最高人民法院提出抗诉，以维护三申诉人（弱势群体）的合法权益。重庆市人民检察院第一分院采纳重庆市大足县人民检察院的复议意见后，认为再审判决适用法律错误，导致判决错误。建议重庆市人民检察院提请最高人民检察院向最高人民法院提出抗诉。重庆市人民检察院审查后认为，陈某等三人诉请人民法院判令报恩三社给付征地安置补助费的理由合法、正当，原一审、二审、再审判决不予支持属适用法律不当，导致判决结果确有错误。2006 年 9 月 7 日，重庆市人民检察院向重庆市高级人民法院提出再审检察建议。理由如下：

1. 陈某等三人在 2004 年被"农转非"之前确系报恩三社村民，依法与该社其他村民共同平等享有农村集体土地所有权及相应获得征地补偿费、安置补助费的权利。报恩三社既已依法将征地补偿费、安置补助费按人平均分配给村民的方式进行安置，也应以此种方式安置该三人。

2. 陈某等三人应当获得多少征地安置补助费的举证责任理应由报恩三社承担，原判一审判决以证据不足为由驳回其诉讼请求严重违反民事诉讼的基本规则，错误明显。

3. 陈某等三人要求报恩三社发给其征地安置补助费的诉讼请求于法有据，原二审、原再审判决分别维持原一审判决确属适用法律不当。

四、评析观点

（一）土地补偿费应当如何分配

本案在一审中，原告陈某等三人认为自己与报恩三社其他村民一样享有平等获得征地安置补偿费的权利，但报恩三社按人平均分发征地安置补助费时，拒绝发给原告。原告起诉的事实与人民法院审理查明的事实是一致的，且报恩三社也承认这些事实。在此情况下，原一审人民法院只需判明被告报恩三社拒不发给原告陈某等三人的理由是否合法、正当。如果拒发的理由不合法或不正当，人民法院就应支持原告的诉讼请求，而原一审人民法院却以"三原告对其落户报恩三社期间，报恩三社曾被征用过土地多少次，每次征用土地被告所获得的征地款中是否有安置补助费，安置补助费应为多少以及每一次征地过程中三名原告是否属安置人员等未举证予以证明，三名原告诉请分配安置补偿费的证据不足"为由，判决驳回三原判告的诉讼请求。一审人民法院离开案件基本事实和原被告双方争议的问题谈理由，作判决既不谈已经审理查明的事实，又不评判原被告双方争议的问题，而是把既不是原被告双方或一方主张的事实，又不是把双方争议的问题提出来，作为其认定证据的理由，确属审非所诉、判非所争。而且，该社被征用土地多少次，每次征地所获得征地款中是否有安置补助费以及有多少等问题的举证责任也理应由报恩三社承担。因为，每一次征地均由报恩三社办理有关手续，一审中报恩三社也认可每一次征地情况均有资料保存，依据最高人民法院《关于民事诉讼证据的若干规定》，该举证责任在报恩三社。因此，原一审判决以原告陈某等三人证据不足为由驳回其诉讼请求，严重违反民事诉讼法关于举证责任分配的基本原理。原二审判决认为"农村集体土地被征用后，征用土地补偿费和安置补助费归被征地单位所有。征用土地补偿费、安置补助费应专项用于发展生产，安置人员，任何单位和个人不得私分、平调、挪用、截留。因此，陈某等三人以其为报恩三社村民，应该分配该社所得的征地补偿安置费用的理由，于法无据"。根据该判决所引用的法律法规，陈某等三人的诉求应是于法有据：其一，该法律法规明确规定了"征用土地补偿和安置补助费归被征地单位所有"，所有者对属于自己的所有财产可以依法予以处分；其二，该法律法规明确规定了"征用土地补偿费、安置补助费应当专项用于发展生产、安置人员"；其三，报恩三社的集体土地被征用后，采取调整村民承包土地，将获得的征地补偿费、安置补助费按人平均分配给村民，也是对村民进行安置的一种方式，且这种方式既不违反法律禁止性规定又未被有关行政机关否定；其四，报恩三社其他村民已按人平均分配了安置补助费，陈某等三人具有报恩三社村民的法律地位和资格，同样享有与其他村民平等的经济权利。因此，不论从法律法规的规定还是从客观现实性来看，陈某等三人的诉求都是于法有据的。

原再审判决引用 1998 年《土地管理法实施条例》第 26 条第 2 款"征用土地安置补偿费必须专款专用，不得挪作他用。需要安置的人员由农村集体经济组织安置的，安置补助费支付给农村集体经济组织，由农村集体经济组织管理和使用"的规定，认为三原告以其为报恩三社村民应享有分配权无法律依据。笔者认为其对该条款的理解也是错误的。按照该条款规定，报恩三社获得征地安置补助费后，应对相关人员进行安置，并有权使用征地安置补助费。在安置方式上，法律法规没有禁止性规定。报恩三社在其集体土地被征用后，采取调整承包地，将收取的安置补助费按人平均分配给村民的做法合法。三原告既是该社村民，理应依法获得安置补助费。原再审判决认为三原告要求报恩三社发给征地安置补助费的诉讼请求无法律依据，显然不当。

笔者认为，本案的裁判要旨是：本案被告居民小组将征地补偿费发放给全体村民，未违反有关法律规定。原告陈某出嫁后，未将户口迁出被告处，原告所生子女唐某、唐某某户口登记在被告处，三原告作为被告集体经济组织的成员，应当享有平等的集体经济组织收益分配权。本案的讼争款系被告集体经济组织的收益，三原告有权参与分配。因为，原告陈某出嫁前落户报恩三社，改嫁后仍未将户口迁出报恩三社，原告唐某、唐某某出生后户口登记在报恩三社，并系该社村民，其户籍载明为农业人口，直至 2004 年三原告才被"农转非"，故三原告均系被告集体经济组织的成员是一个不争的事实，被大量的证据予以证实，并为原审判决所确认，报恩三社对此也未予以否认。原告陈某改嫁后被告将其原承包的责任田强行收回属错误行为，陈某未通过相关途径要求承包责任田属其行使自己权利的范畴，陈某享有责任田的承包权已是一个不争的事实。陈某未要求行使自己的权利不能等同于陈某不享有权利。根据土地管理法及四川省人民政府、重庆市人民政府关于土地管理条例和实施办法规定，土地补偿费应当支付给被征地农民，并未规定应当支付给有承包责任田的农民或承包的责任田被征用的农民。本案中被告在分配中也是在全组村民中进行分配。依照我国宪法和法律的规定，农村和城市郊区的土地，除由法律规定属于国家所有的以外，属于集体所有；农村集体所有的土地，依法属于村或者村民小组农民集体所有。村民对属于本村或村民小组集体所有的土地，以共同共有的形式享有其作为所有者的权利。所以，本案中三原告就与该社其他村民一起，共同平等地对该社集体所有的土地享有所有权，其中包括土地经营权、土地收益分配权等由所有权派生的具体权利。本案中，报恩三社以三原告没有承包土地和未缴纳农业税为由不予分配征地安置补助费，侵犯了三原告的合法权益，混淆了土地所有权与使用权。三原告作为集体经济组织的成员，没有承包集体土地不等于丧失作为集体经济组织成员的资格；三原告是否应该缴纳农业税，与本案不属同一个法律关系，应通过其他方式解决，不应成为不发给其征地安置补偿费的理由。

（二）农村妇女出嫁后户口未迁出的，是否有权分得土地补偿费

我国婚姻法、妇女权益保障法均明确规定，妇女与男子享有平等的权利。而现实生活中，因村规民约的约定俗成而使出嫁女的权益受到侵犯，在我国农村已成为较普遍的社会现象。国务院办公厅《关于切实维护农村妇女土地承包权益的通知》专门对此问题作了规定，出嫁女与户口所在地的其他村民享有同等的合法的土地承包权、集体经济组织收益分配权。因此，原告陈某、唐某、唐某某系被告集体经济组织村民，享有向被告承包责任田的权利，亦有分得被告集体经济组织征地安置补偿费的权利。

五、再审结果

重庆市高级人民法院采纳再审检察建议，判决如下：（1）撤销重庆市第一中级人民法院（2005）渝一中民再终字第 1239 号民事判决、重庆市第一中级人民法院（2003）渝一中民终字第 1762 号民事判决、大足县人民法院（2003）足民初字第 16 号民事判决；（2）在本判决生效后三十日内，由大足县棠香街道报恩社区第一居民组给付陈某安置补助费 17597.02 元，唐某安置补助费 17597.02 元，唐某某安置补助费 10059.03 元。一审案件受理费 2070 元，其他诉讼费 830 元，共计 2900 元；二审案件受理费 2070 元，其他诉讼费 830 元，共计 2900 元，均由大足县棠香街道报恩社区第一居民组负担。

（重庆市大足区人民检察院　莫晓波　孟传香）

4. 杨某某诉张某甲、张某乙买卖合同纠纷抗诉案

——以买卖之名行赠与之实引发的房产纠纷

一、基本案情

杨某某与张某甲于 2002 年 3 月 12 日登记结婚，张某甲是张某乙与张某丙的二女儿，2008 年 5 月，张某乙将原属于张某丙与张某乙的重庆市万盛区莲池村 32 号 2 - 2 号房屋（以下简称争议标的），通过签订《房地产买卖合同》并以此为依据以 2 万元低价转让给到张某甲。2009 年 6 月 16 日，杨某某向重庆市万盛区人民法院起诉与张某甲离婚。同月 29 日，杨某某向人民法院申请撤诉并获准许。2009 年 7 月 2 日，张某甲与张某乙又签订了一份《房地产买卖合同》，约定张某甲将争议标的以 2 万元价格卖给张某乙并将该房屋过户到张某乙名下。2009 年 10 月 9 日，杨某某向重庆市万盛区人民法院起诉，要求确认张某乙与张某甲于 2009 年 7 月 2 日签订的《房地产买卖合同》无效，并由张某乙返还该房屋。

二、原审裁判

2009 年 10 月 28 日，一审简易程序开庭审理，第二次买卖合同双方为共同被告，张某乙及丈夫张某丙

辩称，二人本意为将争议标的赠与张某甲个人，因得知以赠与方式办理房屋过户手续较复杂，而以买卖方式办理房屋过户手续较简单，为简便手续并节省费用，就采取买卖合同的方式办理过户手续。审理中被告承认：由于不懂法律，也相信家人，故双方没有签订赠与合同。法官遂告知被告：如被告方主张赠与，应有充分的书面的证据来证明并推翻买卖合同，否则将承担举证不能的法律后果，并要求二被告围绕两次赠与，特别是第一次赠与提供足够的证据，如下次开庭仍不能提供，将有可能败诉。2010年2月26日，一审转为普通程序审理，审理中被告向法庭举示了赠与协议复印件，落款时间2008年4月5日，法官询问上次庭审中为何不出示的原因时，被告回答："本来不想拿出来的。"2010年3月5日，法官主持双方就赠与协议原件进行质证，原告提出异议，口头表示将申请鉴定。法官要求原告3日内向人民法院提交书面申请。原告向人民法院提交司法鉴定书面申请，要求鉴定赠与协议是否是2008年书写，是否是张某乙书写，原告杨某某签名按指印，落款时间2010年3月5日，但原告杨某某的代理人在申请书上书写："二○一○年三月十七日交来　　代理人唐某某。"故一审人民法院认定杨某某未在限定期限内提出书面鉴定申请，视为放弃鉴定。一审人民法院认为，张某丙与张某乙将争议标的赠与张某甲个人所有，是其真实的意思表示，合法有效，赠与已经发生法律效力，该房屋的产权已转移给张某甲，属张某甲的个人财产，张某甲有权独自处分该房屋。故判决驳回杨某某的全部诉讼请求。

　　杨某某不服，提出上诉。二审人民法院审理后认为，杨某某提出《赠与协议书》司法鉴定的书面申请上的日期为2010年3月17日，已超过规定举证时限，而杨某某未举证证明该日期是事后补签，故一审人民法院关于杨某某未在限定期限内提出书面鉴定申请，视为放弃鉴定的认定并无不当。上诉人杨某某关于《赠与协议书》系伪造证据不充分，不予采信。而杨某某未举示其夫妻向张某丙、张某乙购买房屋并支付购房款的相关证据。结合本案情况，宜认定为产权人是将诉争房屋赠与给上诉人张某甲，是张某甲个人财产。二审判决驳回上诉，维持原判。

　　三、抗诉理由

　　原重庆市万盛区人民检察院审查认为：重庆市第五中级人民法院

（2010）渝五中民终字第 2570 号民事判决适用法律不当，认定系赠与的证据不足。遂向重庆市人民检察院第五分院依法建议提请抗诉。重庆市人民检察院第五分院审查后，于 2011 年 6 月 28 日以渝检民抗（2011）第 60 号民事抗诉书向重庆市高级人民法院提出抗诉。抗诉理由为：

首先，《合同法》第 187 条规定："赠与的财产依法需要办理登记手续的，应当办理有关手续。"本案中，讼争房产由张某乙过户到张某甲名下，是依据双方 2008 年 5 月 12 日签订的《房地产买卖合同》，而非《赠与协议书》，因此《赠与协议书》并未实际履行。

其次，证明张某乙将讼争房产卖给张某甲的证据有：2008 年 5 月 12 日双方签订的《房地产买卖合同》，张某乙在收到 2 万元购房款后出具的收条，依据买卖合同而办理的过户登记手续等。上述证据充分表明双方履行的是买卖合同，并且已经履行完毕。张某甲、张某乙辩称讼争房产系张某乙赠与张某甲，虽举示了赠与协议书、证人证言，但张某乙在庭审中关于有无赠与协议书的陈述前后矛盾，证人证言除一邻居外，其他两人均是本案利害关系人，同时张某甲与杨某某又处于离婚诉讼中，故赠与协议书及证人证言的证明力显然低于《房地产买卖合同》及依据买卖合同而办理的过户登记手续。因此，二审判决仅以赠与协议书、证人证言否定讼争房产买卖合同关系的真实性，并由此认定讼争房产系张某乙赠与张某甲，显然证据不足。

四、评析观点

（一）判决适用法律不当

二审人民法院认定为赠与适用最高人民法院《关于贯彻执行〈民法通则〉若干问题的意见》第 145 条规定，为适用法律依据错误。[①] 争议房屋的过户是根据买卖合同，而不是赠与合同，因此人民法院判决认定系赠与不符合上述规定，是适用法律不当。

---

① 最高人民法院《关于贯彻执行〈民法通则〉若干问题的意见》第 145 条规定：公民之间赠与关系的成立，应以赠与物交付为准。赠与房屋，如根据书面赠与合同办理了过户手续的，应当认定赠与关系成立；未办理过户手续，但赠与人根据书面赠与合同已将产权证书交与受赠人，受赠人根据赠与合同已占有、使用该房屋的，可以认定赠与有效，但应令其补办过户手续。

（二）认定第一次过户行为系赠与的关键证据存疑

本案认定系赠与的证据有证人证言、张某丙和张某乙的陈述及赠与协议书。2009年10月28日，一审简易程序开庭审理中，被告承认：由于不懂法律，也相信家人，故双方没有签订赠与合同。后转为普通程序审理，2010年2月26日第二次开庭，审理中被告向法庭举示了落款于2008年4月5日的赠与协议复印件，法官询问上次庭审不出示该赠与协议的原因时，被告表示"本来不想拿出来的"，证言前后矛盾。被告之前否认签订赠与合同，未签理由合情合理，而在其后提供的赠与合同存在补签可能。《赠与协议书》的形成时间对认定争议标的系夫妻共同财产还是张某甲个人财产具有重要意义①，属于关键性证据，认定赠与这一主要事实的关键证据存疑。

（三）关于被告以"本来不想拿出来的"为由而在简易程序中未提交的赠与合同法院应否组织质证的问题

关于当事人在举证期限内提交证据以及在举证期限届满后提交"新的证据"的规定分别体现在《民事诉讼法》第125条和最高人民法院《关于民事诉讼证据的若干规定》第41条中，由于简易程序转普通程序审理后，法庭重新为当事人指定举证期限，故被告提交的赠与合同是在举证期限内提交的，不适用举证期限届满后提交"新的证据"的约束，换言之，被告拿出了"本来不想拿出来的"证据，法庭仍应当组织质证。

（四）关于举证责任分配的问题

根据举证责任分配原则由负有举证责任的一方承担举证责任。举证责任分配应具体分析，视双方对自己主张是否提供较为充分的证据而使举证责任向对方发生转移，从而由缺乏较为充分证据支持的一方承担举证不能的后果，本案涉及三次举证责任分配：（1）杨某某一审起诉时主张被告第一次房屋转让行为是买卖，杨某某应承担举证责任。杨某某有被告双方签订的《房地产买卖合同》为证，已尽到举证责任，对此次转让行为的举证责任转移到被告方。（2）被告证言为第一次房屋转让行为名为买卖，实为赠与，则被告应对此承担举证责任。被告在第二次开庭

---

① 依据《婚姻法》第17条、第18条的规定，夫妻在婚姻关系存续期间赠与所得的财产，归夫妻共同所有，但赠与合同中确定只归夫妻一方的财产除外。

举示《赠与协议书》，举证责任再次转移到杨某某。（3）杨某某此时要么能证明该房屋转让行为性质为买卖；要么能证明虽为赠与，但张某甲并没有该房屋系获父母赠与其个人财产的书面证据。在这两种情况下，该房屋都属于张某甲与杨某某夫妻二人的共同财产。然而，除被告方签订的《房地产买卖合同》外，杨某某没有付款购买该房屋等其他证据足以推翻赠与，同时，提出对《赠与协议书》签订时间进行鉴定的申请还超出了人民法院指定的提交期限，应当对提请鉴定的事实承担举证不能的后果。①

（五）关于当事人杨某某权利的救济

如前所述，《赠与协议书》的形成时间对认定争议标的系夫妻共同财产还是张某甲个人财产具有重要意义，属于关键性证据，然而，杨某某诉讼代理人的批注："二〇一〇年三月十七日交来　代理人唐某某。"代理人程序上的批注行为直接造成杨某某放弃鉴定、认可赠与协议在第一次房产过户时即存在的后果，导致杨某某提交鉴定申请逾期而败诉。杨某某在再审申诉中也提出其是在人民法院指定的期限内提出鉴定申请，客观上有杨某某本人在申请上的落款时间为证，杨某某可以代理人履行职责存在过错为由，向唐某某所在律师事务所要求其承担赔偿责任。②律师事务所及代理律师需就接受杨某某鉴定申请时已超过法庭指定期限承担举证责任。

综上，杨某某在诉讼程序上应当承担举证不能的后果，然而，本案适用法律错误，认定赠与这一主要事实的证据不足，符合再审抗诉的规定。③

---

① 最高人民法院《关于民事诉讼证据的若干规定》第25条第2款规定：对需要鉴定的事项负有举证责任的当事人，在人民法院指定的期限内无正当理由不预出鉴定申请或者不预交鉴定费用或者拒不提供相关材料，致使对案件争议的事实无法通过鉴定结论予以认定的，应当对该事实承担举证不能的后果。

② 《律师法》第54条规定，律师违法执业或者因过错给当事人造成损失的，由其所在的律师事务所承担赔偿责任。律师事务所赔偿后，可以向有故意或者重大过失行为的律师追偿。

③ 依据《人民检察院民事行政抗诉案件办案规则》第33条第（1）项、第34条第（1）项规定，原判决、裁定所认定事实没有证据或没有足够证据支持的，或者原判决、裁定错误认定法律关系性质的，人民检察院应当提出抗诉。

五、再审结果

2011 年 5 月，重庆市万盛区人民检察院建议市检察院第五分院提请重庆市人民检察院向重庆市高级人民法院提出抗诉。经重庆市人民检察院抗诉，再审中，当事人双方和解结案。

（重庆市綦江区人民检察院　赵昌光）

5. 何某某诉曾某某工伤事故损害赔偿纠纷再审检察建议案

——工伤等级鉴定的不可替代性及在民事审判中的适用

一、基本案情

何某某于 2002 年 8 月开办太森木业家具厂，曾某某于 2002 年 8 月 29 日到该厂上班。2002 年 9 月 19 日晚，曾某某在工作中不慎右手被大圆盘锯锯伤，何某某立即将其送到重庆住院治疗并支付了住院治疗费用。曾某某出院后进行门诊治疗，自付医药费 108.40 元。2003 年 3 月 18 日应曾某某的申请，璧山县劳动和社会保障局对其的受伤作出工伤认定。何某某对此不服遂提出行政复议，璧山县人民政府 2003 年 5 月 29 日作出了维持对曾某某工伤认定的复议决定。2003 年 12 月 31 日，璧山县劳动鉴定委员会对曾某某作出"伤残等级六级"的鉴定结论。曾某某又申请了仲裁。2004 年 2 月 12 日，璧山县劳动争议仲裁委员会开庭时宣告了伤残鉴定结论，何某某对"伤残等级六级"的鉴定结论不服，但未依法提出对等级的复查和重新鉴定。2004 年 4 月 23 日璧山县劳动争议仲裁委员会仲裁：由被诉人何某某发给曾某某医药费 108.40 元、伙食补助费 216 元、工伤津贴 1024 元、12 个月一次性伤残补助金 6252 元、一次性伤残补助金 87528 元、仲裁费 2520 元，合计 97666.40 元。何某某对仲裁不服，于 2004 年 5 月 9 日向璧山县人民法院提起工伤事故损害赔偿民事诉讼。

二、原审判决

璧山县人民法院 2004 年 12 月 7 日作出的（2004）璧民初字第 831 号民事判决书认为：重庆法医验伤所是经重庆市高级人民法院指定并由最高人民法院审核批准的具有司法鉴定资质的鉴定机构。原、被告双方自愿协商一致选定《人民法院报》颁布的司法鉴定机构对其伤残等级进行重新评定，双方自愿认可的协商笔录是依双方当事人的真实意思表示达成的协议且不违反法律、行政法规的强制性规定，属有效协议。双方当事人达成的选择重庆法医验伤所鉴定的协议已经履行完毕。由于鉴定结论对被告不利，被告便在庭审中否定重庆法医验伤所的鉴定结论，但未要求重新鉴定。被告这种主张于法无据，本院不予支持。本案工伤事故发生和工作认定均完成于劳动部《企业职工工伤保险试行办法》（以下简称《办法》）施行期间，应当适用《办法》和重庆市劳动局渝劳发〔1997〕49 号、90 号文件的具体赔偿规定。按此规定，曾某某伤残等级在定为七级的情况下，应当享有县仲裁委裁决书第 1、2、3、4 项所确定的给付金额，并且还应享有 15 个月的一次性伤残就业补助金，但不应享有裁决书第 5 项确定的 87528 元一次性伤残补助金。仲裁费用本来不应纳入本案处理，但由于原告表示自愿赔偿相应部分，本院予以准许。据此，依照《劳动法》第 2 条第 1 款，《办法》第 17 条，第 19 条，第 24 条第 1 款、第 5 款，第 58 条和重庆市渝劳发〔1997〕49 号文件第 2 条第 2 款以及重庆市渝劳发〔1997〕90 号文件第 5 条第 1 款、第 2 款的规定，判决：（1）除原告已付的医药费 18154.40 元外，另由原告给付被告医药费 108.40 元。（2）由原告给付被告 27 天的住院伙食补助费 216 元。（3）由原告给付被告 2 个月的工伤津贴 1042 元。（4）由原告给付被告 12 个月的一次性伤残补助金 6251 元。（5）由原告给付被告 15 个月的一次性伤残就业补助金 7815 元，双方终止劳动工伤保险关系。（6）由原告赔偿被告仲裁费用 500 元。以上第 1 项至第 6 项合计金额为 15932.40 元，限原告在本决定生效后 5 日内付清。（7）重庆法医验伤所已收的伤残等级鉴定费 692 元，由原告负担。案件受理费 960 元，其他诉讼费 1480 元，合计 2440 元，由原告和被告各负担 1220 元。

三、再审检察建议理由

判决生效后，曾某某不服原审判决，向检察机关提出申诉。2005 年 8 月 26 日，璧山县人民检察院作出（2005）璧检民行再建字第 2 号《再审检察建议书》，建议璧山县人民法院再审。主要理由如下：

1. 申诉人曾某某不是本案的适格主体。被申诉人何某某 2004 年 5 月 8 日的诉求，一是对璧山县劳动鉴定委员会伤残六级的鉴定结论不服，二是认为璧山县劳动鉴定委员会伤残六级的鉴定结论未生效的情况下，璧山县劳动争议仲裁委员会作出仲裁是错误的。要求人民法院确认只应给付曾某某各种赔偿费用计 8000 元，其余 89666.40 元请求人民法院不予确认。

2004 年 2 月 12 日，璧山县劳动争议仲裁委员会庭审时宣读了曾某某的六级伤残鉴定结论，并告知对鉴定结论不服，请在 10 日内向县劳动鉴定委员会申请复查。何某某未依法提出对等级的复查和重新鉴定。应曾某某的申请，璧山县劳动争议仲裁委员会 2004 年 4 月 23 日以璧劳仲案字（2004）第 39 号依法作出裁决是合法的、正确的。何某某不服此裁决，在法定时限 15 日内向有管辖权的璧山县人民法院提出诉讼也是合法的。但何某某是对裁决的第 5 项，即"被诉人发给申诉人一次性伤残补助金 87528 元"不服，而这项是依据六级伤残鉴定结论作出的。工伤认定属于劳动保障行政部门实施的具体行政行为，按照国家有关行政复议和行政诉讼法律、法规和《办法》的规定，劳动争议双方当事人对劳动保障行政部门作出的工伤认定不服，可依法申请行政复议或行政诉讼。何某某已提出过行政复议，没有提起行政诉讼。在庭审中，2004 年 5 月 17 日，何某某向法庭提出对曾某某伤残等级鉴定的申请。法院在申诉人曾某某不同意法庭作重新鉴定的情况下，决定重新鉴定，并委托无工伤鉴定资质的重庆法医验伤所进行鉴定。故本案实际上是对劳动伤残鉴定不服，按相关法律规定，何某某只能提起行政诉讼，且本案的适格被告是璧山县劳动鉴定委员会，而不是曾某某。

2. 2004 年 7 月 1 日，璧山县人民法院委托重庆法医验伤所对曾某某进行伤残等级鉴定是没有法律依据的，是违法的。第一，重庆法医验伤所没有工伤鉴定资格。因为工伤鉴定是各级政府中劳动和社会保障部门的一种具体行政行为。第二，工伤待遇的确定和抚恤证件的发放，即是否构成职业病，应否享受工伤待遇，享受怎样的工伤待遇，根据《办法》的有关规定，应由劳动伤残部门作出鉴定，由劳动行政部门依照当事人在法定期限内的申请作出决定，而不能由人民法院通过司法鉴定来裁决。

3. 原审判决适用法律错误。原审判决适用《办法》，而该办法第57条规定："职工对劳动鉴定委员会作出伤残等级鉴定结论不服的，可以向当地劳动鉴定委员会办公室申请复查；对复查鉴定结论不服的，可以向上一级劳动鉴定委员会申请重新鉴定。复查鉴定最终结论由省级劳动鉴定机构作出，复查鉴定程序由各省、自治区、直辖市劳动鉴定委员会规定。"故本案用重庆法医验伤所的鉴定结论作判决依据是没有法律依据的，是错误的。

四、评析观点

本案争议的主要焦点是：璧山县人民法院委托重庆法医验伤所对曾某某进行工伤伤残等级鉴定，并以此否定2003年12月31日璧山县劳动鉴定委员会对曾某某作出"伤残等级六级"的鉴定结论是否合法。

1. 工伤鉴定是各级政府中劳动和社会保障部门的一种具体行政行为，而重庆法医验伤所是一司法鉴定机构。司法鉴定机构是按照司法部《司法鉴定机构登记管理办法》的规定，取得司法鉴定许可证，并通过年度检验的中介机构。根据司法部《司法鉴定程序通则》第5条的规定，司法鉴定机构和司法鉴定人应当严格按照登记管理机关所核定的司法鉴定业务范围、执业类别开展鉴定业务，不得从事未经登记管理机关核定的司法鉴定事项。重庆法医验伤所没有工伤鉴定资格，故进行工伤伤残等级鉴定是不合法的、无效的。

2. 工伤待遇的确定和抚恤证件的发放，即是否构成职业病，应否享受工伤待遇，享受怎样的工伤待遇，根据《办法》的有关规定，应由劳动伤残部门作出鉴定，由劳动行政部门依照当事人在法定期限内的申请作出决定，而不能由人民法院裁决。

3. 本案无论是适用2004年1月1日施行的《工伤保险条例》还是1996年1月1日施行的《办法》，对工伤的认定和劳动能力的鉴定都有明确而严格的规定。人民法院的判决适用《办法》，而该《办法》第 14 条规定：各级劳动鉴定委员会应当按国家制定的工伤与职业病致残程度鉴定标准（国家标准 GB/T16180—1996），对因工负伤或者患职业病的职工伤残后丧失劳动能力的程度和护理依赖程度进行等级鉴定。故本案用重庆法医验伤所伤残等级鉴定结论否定璧山县劳动鉴定委员会的鉴定结论，并以此作为原审判决的依据是错误的。

五、再审结果

璧山县人民法院采纳了再审检察建议，另行组成合议庭启动再审，于 2006 年 11 月 20 日以（2006）璧民再一字第 1 号《民事调解书》载明：本案在审理过程中，经本院主持调解，双方当事人自愿达成如下协议：

1. 原审原告何某某自愿赔偿原审被告曾某某医疗费、住院伙食补助费、工伤津贴、一次性伤残补助金、一次性就业补助金、伤残抚恤金、仲裁费用、鉴定费用等共计 54778.80 元，扣除原审原告何某某已支付的医疗费 18154.40 元及原审判决生效后已支付的赔偿款 16624.40 元（含伤残鉴定费）外，原审原告何某某还自愿赔偿原审被告曾某某各种损失 2 万元；原审被告曾某某自愿放弃因工伤事故致残所造成的其余所有损失赔偿的诉讼请求，双方自愿终止劳动保险关系。

2. 原审原告何某某于 2007 年 4 月 30 日前未付余款（含承担诉讼费部分），自愿承担违约金 5000 元。

（重庆市璧山县人民检察院　肖忠荣）

6. 银某诉铜梁县人民医院医疗损害赔偿纠纷案

——医疗事故技术鉴定结论的采信

一、基本案情

2002 年 3 月 23 日，银某因患"宫颈癌"在铜梁县人民医院妇产科住院治疗，同月 28 日，铜梁县人民医院对银某施行了子宫广泛切除加盆腔淋巴清扫术，术后银某出现尿潴留不能排尿。2002 年 5 月 8 日，银某因术后尿潴留又入住重庆市西南医院泌尿科。该院泌尿科于 2002 年 6 月 11 日对银某施行盆腔囊肿引流术及膀胱颈楔形切除术，住院 55 天，用去医疗费 12254.30 元，但银某尿潴留症状持续存在。2002 年 7 月 24 日银某向铜梁县人民法院起诉，以铜梁县人民医院手术有过错为由，要求医院承担赔偿责任，铜梁县人民法院委托重庆市第一中级人民法院司法技术鉴定室对铜梁县人民医院的医疗行为有无过错进行鉴定。(2002) 渝一中法鉴定字第 262 号法医学文证审查意见书（以下简称 262 号鉴定书）签定结论为：(1) 根据病史资料及病理检查结果，银某宫颈鳞癌 IB－Ⅱ期诊断明确，手术方式及治疗符合医疗处置原则；(2) 银某术后尿潴留属子宫广泛切除及淋巴清扫术后最常见并发症，为膀胱麻痹所致，需要长期开放尿管，等待自行恢复；（3）泌尿科手术探查无指征。银某据此于 2002 年 12 月 28 日撤回了对铜梁县人民医院的起诉。

2003 年 1 月 6 日，银某以 262 号鉴定书载明的泌尿科（指西南医院）手术探查无指征和西南医院术后无好转为由向重庆市沙坪坝区人民法院起诉重庆西南医院予以赔偿。经成都联合司法鉴定作出《成联鉴（医）2003－160 号法医学文审意见书》，认为西南医院对银某的诊断正确，符合医疗护理规范，西南医院的治疗行为与银某的诊断现有症状的存在无因果关系。重庆市沙坪坝区人民法院依据该鉴定结论于 2003 年 12 月 1 日作出（2003）沙民初字第 443 号民事判决，驳回了银某的诉讼请求。

2004 年 1 月 8 日，银某依据（2003）沙民初字第 443 号民事判决书、成都联合司法鉴定中心法医学文审意见书和 262 号鉴定书再次向铜梁县人民法院起诉铜梁县人民医院医疗损害赔偿。审理中，银某对铜梁县人民医院的医疗行为有无过错申请重新鉴定。铜梁县人民法院于 2004 年 2 月 20 日向银某发出限期交费通知，银某逾期未交纳鉴定费用，并要求铜梁县人民医院垫付鉴定费。2004 年 9 月，经重庆市高级人民法院批准，铜梁县人民法院委托中华医学会重新鉴定，中华医学会于 2004 年 9 月 13 日作出"关于不予受理银某案医疗事故争议技术鉴定的复函"。2004 年 3 月 30 日，银某入住铜梁县人民医院对尿潴留症状继续治疗，但无根本性好转。2004 年 11 月 9 日，银某申请伤残等级鉴定。2004 年 12 月 1 日，重庆法医验伤所对银某作出"伤残程度五级"的鉴定结论，银某据此将诉讼请求 62387.70 元变更为 430215.66 元。

二、原审裁判

重庆市铜梁县人民法院一审审理认为，银某因患"宫颈癌"入住铜梁县人民医院治疗，医院为最大限度保障其生命对其施行子宫广泛切除加盆腔淋巴清扫术是对患者的高度负责，为彻底清除癌细胞组织而伤及其他器官组织是不可能避免的。对于 262 号鉴定书的鉴定结论，原告没有足够的反驳证据，应予采信。但铜梁县人民医院在施行手术前，未向原告充分履行告知义务，未告知其手术可能产生的并发症，忽视了患者的"知情权"和选择是否手术的权利。由于医院在履行告知义务方面的这一过错造成患者人身损害应向患者银某酌情赔偿由此造成的经济损失。本案的伤残相关费用以 30 年计算为宜，其居民生活费等标准以重庆市统计局公布的数据为计算依据。被告提出伤残相关费用按 10 年计算和计算标准按铜梁县公布的居民生活费计算虽有一定的合理性，但是不能作为本案的判决依据，法院不予支持。遂判决：铜梁县人民医院一次性赔偿银某医疗费、住院伙食补助费、误工费、陪护费、残疾生活补助费、被扶养人生活费、交通费、精神抚慰金、残疾后续费用等经济损失共计349353.52 元的 30%，计 104806 元。

　　银某不服，提出上诉。重庆市第一中级人民人民法院审理认为原审法院结合本案实际情况对银某的经济损失酌情予以赔偿亦属合理。银某的上诉理由不成立，故原审人民法院审理程序合法，认定事实清楚，适用法律正确，应予维持。遂驳回上诉，维持原判。

　　三、抗诉理由

　　检察机关审查后，认为（2005）渝一中民终字第 1530 号民事判决确有错误，理由是：

　　1. 原一、二审判决认定铜梁县人民医院的医疗行为无过错的主要证据不足。首先，262 号鉴定书有重大瑕疵。2002 年 9 月 4 日，铜梁县人民法院的委托鉴定要求是对银某因子宫颈癌切除后"尿潴留、膀胱颈抬高、盆腔尿性囊肿"等与医疗处置的因果关系进行法医学技术鉴定。262号鉴定书在第 2 条只说明了"银某术后尿潴留属子宫广泛切除及淋巴清扫术后最常见并发症，为膀胱麻痹所致，需要长期开放尿管，等待自行恢复"，却对"膀胱颈抬高和盆腔尿性囊肿"是如何形成的，它们与尿潴留三者之间是什么关系等问题未作全面鉴定，无法全面界定铜梁县人民医院的医疗行为是否存在过错，致使双方当事人对该鉴定结论争议较大，均向铜梁县人民法院申请重新鉴定。其次，银某术后尿潴留至今客观存在的事实对 262 号鉴定书所作出的鉴定结论提出了质疑。262 号鉴定书载明："银某术后尿潴留属子宫广泛切除及淋巴清扫术后最常见并发症，为膀胱麻痹所致，需要长期开放尿管，等待自行恢复。"但是，2004 年 12 月 1 日重庆市法医验伤所以（2004）重法鉴 11 字第 693 号法医学鉴定书认为："银某宫颈癌术后尿潴留 2 年零 8 个月诊断成立。经治疗无好转，目前遗留膀胱逼尿肌乏力，收缩功能不良。评定为五级伤残。"并且银某"尿潴留"症状至今已有 4 年多仍然存在，是否能够自行恢复不能确定。再次，铜梁县人民医院应当依法承担举证不力的败诉责任。根据最高人民法院《关于民事诉讼证据的若干规定》第 4 条第 1款第（8）项，因医疗行为引起的侵权诉讼，由医疗机构就医疗行为与损害结果之间不存在因果关系及不存在医疗过错承担举证责任。262 号鉴定书因其有重大瑕疵，不能证明"膀胱颈抬高、盆腔尿性囊肿"是怎样产生的、它们与"尿潴留"三者之间是什么关系、银某术后"尿潴留"经过 4 年多时间的治疗为什么仍不能恢复等问题，铜梁县人民医院又未提供其他充分证据来证明上述问题与自己的医疗行为无因果关系、自己无医疗过错，因此应承担举证不力的败诉责任。

2. 原一、二审判决违反法定程序，可能影响案件的正确判决。根据最高人民法院《关于民事诉讼证据的若干规定》第 27 条第 1 款的规定，当事人对人民法院委托的鉴定部门作出的鉴定结论有异议申请重新鉴定，提供证据证明鉴定结论明显依据不足的，人民法院应予准许重新鉴定。262 号鉴定书有重大瑕疵，双方当事人对该鉴定结果存在重大争议，均书面要求重新鉴定。显然，该鉴定结论属于"明显依据不足"，符合补充鉴定或重新鉴定的条件。2004 年 8 月 28 日，铜梁县人民法院将该案委托中华医学会进行鉴定，中华医学会以"本案目前尚未在当地医学会进行首次鉴定和再次鉴定"为由，暂不受理。铜梁县人民法院没有再委托有资质的机构进行鉴定，而是以银某未在 7 日内预交鉴定费和中华医学会暂不受理该案鉴定为由，以有重大瑕疵的 262 号鉴定书为证据作出了判决。

3. 原一、二审判决以铜梁县人民医院未充分履行告知义务，侵害了银某的"知情权"和"选择权"，判决其仅承担 30% 的赔偿责任不当。首先，铜梁县人民医院在施行手术前，要充分履行告知义务。患者银某有"知情权"和"选择权"。根据国务院颁布的《医疗机构管理条例》第 33 条，医疗机构施行手术时必须征得患者同意。此条款为医院履行法定告知义务的一般规定，而医院在从事治疗患者疾病的过程中，应当依照民法通则的精神遵守诚实信用原则，向患者如实告知治疗方案及可能导致的后果。根据以上规定可以确定，铜梁县人民医院在施行手术前，充分进行告知是其法定义务，患者银某有知情权，有选择是否手术、选择医院、选择治疗方案的权利。但铜梁县人民医院没有充分履行法定的告知义务，侵害了银某的"知情权"和"选择权"。其次，铜梁县人民医院应依法承担举证不力的败诉责任。根据最高人民法院《关于民事诉讼证据的若干规定》第4条的规定，本案应由铜梁县人民医院承担举证责任。银某患"宫颈癌"，可选择的治疗方式除了手术外，还有放疗、化疗方式，还可选择医疗条件和技术更好的医院治疗，铜梁县人民医院没有举证证明银某患"宫颈癌"选择任何一种医疗方式和任何一家医院进行治疗都必然产生"尿潴留、膀胱颈抬高、盆腔尿性囊肿"。最后，铜梁县人民医院应当承担主要的民事赔偿责任，银某承担次要的民事责任。铜梁县人民医院没有充分履行法定告知义务，侵害了银某的"知情权"和"选择权"，在本案实行举证责任倒置的情况下，又未能向法庭列举充分证据证明相关事实，应依法推定其在施行手术时未充分履行告知义务有重大过错，其应承担主要的民事赔偿责任。

4. 原一、二审判决对被抚养人银某之子何某的生活费只计算至16周岁是错误的。银某之子何某生于1990年4月9日，2005年2月21日铜梁县人民法院作出一审判决时，未满15周岁，系在校学生。《民法通则》第11条第2款规定：16周岁以上不满18周岁的公民，以自己的劳动收入为主要生活来源的，视为完全民事行为能力人。最高人民法院《关于审理人身损害赔偿案件适用法律若干问题的解释》第28条规定："被扶养人生活费根据扶养人丧失劳动能力程度，按照受诉法院所在地上一年度城镇居民人均消费性支出和农村居民人均年生活消费支出标准计算。被扶养人为未成年人的，计算至十八周岁。"经审阅原审案卷，没有任何证据证明被抚养人银某之子何某在16周岁至18周岁期间能够以自己的劳动收入为主要生活来源。被抚养人何某的生活费应计算至18周岁。原一、二审判决纯属主观臆断，最终造成实体判决明显错误。

四、评析观点

本案是医患纠纷的典型案例，关键问题在于医疗事故技术鉴定结论的采信问题。原判决全面采信有瑕疵的（2002）渝一中法定字第262号鉴定书，最终导致错误判决。

鉴定结论是鉴定部门的鉴定人员运用专业知识、专门技术对案件中的专门性问题进行分析、鉴别、判断后所得出的符合科学的结论。鉴定结论在民事诉讼中具有重要作用。鉴定结论作为民事证据之一，有以下特点：（1）它是专门针对诉讼中有待查明的事实问题作出的。（2）它是对专门性问题作出的结论。鉴定结论能增强司法人员在特殊领域的认识能力，但鉴定结论并不是案件形成时留下的客观事实，而是鉴定人根据被鉴定的证据材料所作出的推导性的结论。因此，鉴定结论不是独立的原始证据，也不是直接证据，而是一种衍生的证据；鉴定结论必须是以被鉴定的证据材料为依据，经过权威的专门鉴定人员认真地分析、对比，在严格推理、科学鉴定的基础上得出肯定或否定的结论。具体到此案中，铜梁县人民法院未重新委托具有鉴定资质的其他专业机构，而以有重大瑕疵的（2002）渝一中法鉴定字第262号鉴定书作为认定事实的主要证据，由此导致最终的错误判决。

本案的另一焦点是患者在接受医院手术时的知情权问题。就本案而言，由于医疗行为关系到人们的健康、生命，加之医疗行为具有复杂性和技术性强的特点，故对于医疗行为应当降低自身风险，始终把维护患者利益作为其核心。而要尽可能降低医疗行为的风险，除了要求医务人员具有必要的技术外，必须对医疗行为进行程序性规范，特别是对医疗行为的操作过程进行明确规制。如在手术之前必须对患者进行全面检查，找准患病原因，对病情有充分、客观的估计，制定确切的手术方案等。其实，这是通过规范医疗行为的程序最大限度地降低医疗风险，与"程序公正是实现实体正义的屏障"的法律理念有着异曲同工之妙。医疗手术之前的准备工作（包括对患者进行全面检查、充分估计手术的难度和风险等）在整个手术过程中占有重要作用，唯有手术之前的充足准备，才能最大限度地保证手术的成功率。本案中铜梁县人民医院未充分履行手术前的告知义务，侵犯了患者的知情权，对患者的身体和精神都造成了重大损害。

五、再审结果

重庆市高级人民法院受理抗诉后，指令重庆市第一中级人民法院再审，2008年5月19日，重庆市第一中级人民法院以（2008）渝一中民再终字第13号作出裁定，撤销（2005）渝一中民终字第1530号民事判决和铜梁县人民法院（2004）铜民初字第351号民事判决书，发回铜梁县人民法院重审。铜梁县人民法院依法另行组成合议庭后，对本案进行调解，最终 2009 年 1 月双方自愿达成了协议：（1）申诉人银某的残疾生活补助费、被扶养人生活费、住院伙食补助费、误工费、陪护费、医疗费、交通费伤残评定费、评残后的治疗费共计 692884.90 元，由被申诉人铜梁县人民医院承担 85%，即 588952 元，其余由申诉人银某自行承担，且被申诉人铜梁县人民医院承担的费用在调解书签收之日起 5 日内给付。（2）申诉人银某向被申诉人铜梁县人民医院的借款 165900 元和医疗费欠款 57849.04 元共计 223749.04 元，铜梁县人民医院也不再追收。

（重庆市铜梁县人民检察院　杨骆）

7. 重庆市江津区宝元通百货商行诉重庆力铎农业发展有限公司土地承包经营权转让合同纠纷抗诉案

——附生效条件的合同的效力之判断

一、基本案情

申诉人（一审原告，二审上诉人）：重庆市江津区宝元通百货商行。住所地：重庆市江津区几江街道办事处相府路 241 号。

法定代表人：帅某某，经理。

被申诉人（一审被告，二审被上诉人）：重庆力铎农业发展有限公司。住所地：重庆市江津区几江街道办事处南干道鹏程花园 1 号。

法定代表人：方某某，董事长。

2008 年 12 月 2 日，重庆市江津区宝元通百货商行（以下简称宝元通商行）（甲方）与重庆力铎农业发展有限公司（以下简称力铎公司）（乙方）签订《土地转包合同》。合同约定：甲方自愿将从重庆市江津区德感街道中渡社区高坪经济合作社（以下简称高坪合作社）承包的 537.05 亩土地（其中田 232.38 亩，土

304.67 亩）转包给乙方继续进行生产建设经营。甲方与重庆市江津区德感街道办事处塔坪村大局经济合作社（简称大局合作社）2003 年 8 月 23 日签订的《土地转包合同》约定的相关权利、义务等转交乙方继续履行至该合同期满。(1) 植物资产转让：甲方将承包期内投资形成的所有林木、果树、药材树、花卉、藤葛等植物资产，以及交通便道、取水井、蓄灌池等基础（配套）设施资产一并转让给乙方改造、经营、处分。(2) 资产移交方式及时间：甲乙双方及高坪经济合作社、土地初始承包人四方代表须于本合同签订后 40 日内完成现场勘界、登记移交、合同备案手续，绘制并共同确认有关移交图纸、表册文件。(3) 转包土地的登记备案：本合同转包的土地使用权流转已征得高坪经济合作社和原土地初始承包人同意，四方代表现场勘界、登记移交后，甲方应协助乙方到德感街道办事处农业承包委员会办理完善土地转包登记备案确认手续。(4) 补偿费数额及支付期限：乙方对甲方已投入的承包费、整地造林费、项目管理费、财务费用、以及承包经营利润等按市场原则进行补偿。经双方平等反复协商，乙方补偿甲方全部投资及利润 405 万元，本合同签订后 3 日内，乙方向甲方支付保证金 5 万元，当甲乙双方完全履行合同约定条款后，该保证金自动转为乙方支付甲方的补偿款。如乙方单方终止转包合同，甲方不予退还保证金。本合同签订生效，四方代表现场共同完成资产移交和有关资产证明移交，并同时完成土地转包登记手续后 3 日内，乙方支付甲方补偿费 300 万元；乙方进场后 3 个月内，当本合同约定的承包土地范围和转让资产等所有标的物不受到第三人的任何权利主张或请求对抗时，乙方清付甲方补偿费 100 万元。(5) 税费负担及债权债务分割：甲方承包期内发生的一切税费、债权债务及民事法律责任由乙方自行承担。2008 年的退耕还林管护费及有关补贴由甲方收益处分，2008 年已成熟的藤葛、黄栀子药果由甲方收益处分。(6) 违约责任：甲乙双方必须严格遵守本合同约定条款，如任一单方违约，由违约方支付守约方 10% 的违约金（违约金基数按本合同补偿总价款 405 万元计算），合同继续履行。由于双方的过失，造成本合同及附件不能履行或不能完全履行时，根据实际情况由双方分别承担各自应负的违约责任。(7) 第 8 条约定了该合同生效应具备的有关文件——附件 1：高坪经济合作社（原塔坪村大局经济合作社）《关于同意承包土地再次流转的说

重庆市江津区宝元通百货商行诉重庆力铎农业发展有限公司土地承包经营权转让合同纠纷抗诉案

151——

明》。附件2：甲方与原大局经济合作社2003年8月20日签订的《土地转包合同》，以及有关土地承包面积核定文件、表册和其他有关土地的使用补遗文件。附件3：高坪经济合作社土地转包范围图。附件4：资产移交确认书及资产移交登记表。附件5：德感街道办事处农业承包管理委员会土地转包登记备案确认文件。本合同附件、附表及补充合同为本合同不可分割的一部分，与本合同文本具有同等法律效力等。（8）合同第10条还约定，本合同一式7份，甲方、乙方、中渡社区高坪经济合作社、中渡社区居委会、德感街道办事处、德感街道办事处农业承包合同管理委员会各1份；本合同经甲、乙双方、高坪经济合作社、中渡社区居委会、德感街道办事处、德感街道办事处农业承包合同管理委员会签字盖章，并完善本合同第8条约定的有关文件后生效。

合同签订后，双方未按合同第8条的约定到重庆市江津区德感街道办事处农业承包合同管理委员会完善土地转包登记备案即开始履行合同：2009年3月12日，宝元通商行、力铎公司、重庆市江津区德感街道中渡社区居委会及重庆市江津区德感街道中渡社区高坪经济合作社四方代表对宝元通商行转包的土地及资产范围进行现场勘界、绘制范围图、制表登记移交力铎公司，力铎公司也按约向宝元通商行缴纳履行约保证金5万元，并接手经营。同时，力铎公司从2008年12月29日向宝元通商行支付补偿款20万元、2009年1月20日支付补偿款30万元，领条载明此款在《土地转包合同》约定的第二次补偿款300万元中扣除；2009年3月27日，宝元通商行向力铎公司借款30万元，借条载明此款在补偿款中扣除，另外宝元通商行还向力铎公司借款4万元，力铎公司共计已支付宝元通商行89万元（含保证金5万元）。之后，因力铎公司未按合同约定支付剩余的土地转包价款，宝元通商行遂向江津区人民法院起诉，请求判令力铎公司严格履行合同条款，完善合同登记备案手续，支付土地转包补偿费216万元及违约金40.5万元。

二、原审裁判

重庆市江津区人民法院经审理于2009年11月2日作出（2009）津法民初字第2782号民事判决认为：按合同法的相关规定，当事人对合同的效力可以附条件。附生效条件的合同，自条件成就时生效。本案中，原、被告双方当事人签订的《土地转包合同》第5条对补偿费数额及支付条件有约定："同时完成土地转包登记备案手续后3日内，乙方支付甲方补偿费300万元。"因原、被告双方对所签订的《土地转包合同》，未到德感街道办事处农业承包管理委员会对土地转包合同进行签字盖章完善手续。由于双方至今未完成土地转包登记备案手续，故付款条件不成就。且重庆市江津区德感街道中渡社区高坪经济合作社已于2009年6月13日向原告宝元通商行发出了解除《土地转包合同》的通知，原告宝元通商行现未行使权利，确认该合同是否解除，故原、被告双方签订的《土地转包合同》，属效力待定。因此，原告宝元通商行请求被告严格履行合同条款、完善合同登记备案手续、支付补偿费及违约金等，其诉称理由不能成立，本院不予支持。在条件不成就的情况下，原告请求被告支付补偿费，由于被告不同意此时支付，对原告该请求不予支持。依照《合同法》第44条、第45条第（1）项以及《民事诉讼法》第40条、第42条、第120条的规定，判决：驳回原告宝元通商行的诉讼请求。

宝元通商行不服江津区人民法院判决，向重庆市第五中级人民法院提出上诉。重庆市第五中级人民法院经审理于2010年2月9日作出（2009）渝五中终法民字第4902号民事判决认为：上诉人宝元通商行和被上诉人力铎公司签订的《土地转包合同》中明确约定"本合同经甲乙双方、高坪经济合作社、中渡社区居民委会员、德感街道办事处、德感街道办事处农业承包管理委员会签字盖章，并完善本合同第八条约定的有关文件后生效"，但德感街道办事处、德感街道办事处农业承包管理委员会至今都未在该转包合同上签字盖章，也未下发土地转包备案登记确认文件，因此宝元通商行和力铎公司签订的《土地转包合同》还未生效。同时，宝元通商行和力铎公司签订的《土地转包合同》第5条约定"同时完成土地转包登记备案手续3日内，乙方支付甲方补偿费300万元"，但由于现在未完成土地转包登记备案手续，所以力铎公司向宝元通商行付款的条件还未成就。上诉人宝元通商行的上诉理由缺乏事实和法律依据，不予支持。原判认定事实清楚，适用法律正确，程序合法。依照《民事诉讼法》第153条第1款第（1）项之规定，判决：驳回上诉，维持原判。

三、抗诉理由

宝元通商行不服二审判决，向检察机关申诉。2011年4月29日，重庆市人民检察院以渝检民抗（2011）25号民事抗诉书向重庆市高级人民法院提出抗诉。理由如下：

本案当事人之间争议的核心焦点是宝元通商行与力铎公司签订的《土地转包合同》是否生效。

1. 在签订《土地转包合同》后，双方当事人及土地发包人高坪经济合作社已在合同上签字盖章，该合同已经具备《土地承包法》第37条规定的法定备案条件。对于双方当事人争议的由德感街道办事处盖章、德感街道办事处农业承包合同管理委员会土地转包登记备案的约定生效条件的问题，原审已经查明：《土地转包合同》签订后，宝元通商行、力铎公司、江津区德感街道中渡社区居委会及江津区德感街道中渡社区高坪经济合作社四方代表，对宝元通商行转包的土地及资产范围进行了现场勘界、绘制范围图、制表登记并移交给力铎公司。在双方尚未履行合同约定的经德感街道办事处盖章以及农业承包合同管理委员会土地转包登记备案的条件前，力铎公司按合同约定向宝元通商行缴纳履约保证金5万元，并已经接收土地进行生产经营。同时，力铎公司从2008年12月29日起陆续向宝元通商行支付补充偿款共计84万元，并已向农村承包经营户发放了2009年的承包费。宝元通商行和力铎公司的行为表明，双方虽然在合同约定由德感街道办事处在合同上盖章、取得德感街道办事处农业承包合同管理委员会土地转包备案登记确认文件为合同生效要件之一，但双方在未完成该约定的生效条件前即开始履行合同义务，并且双方互相接受了对方的履行。因此，双方的实际履行行为应视为对合同中约定的生效条件进行了变更，该合同不但已经生效，而且已进入实质性履行阶段。力铎公司在约定的条件未成就前积极履行部分合同义务后，又以合同约定的条件未成就为由主张合同未生效，既无事实依据，也无法法律依据。

2. 宝元通商行和力铎公司签订的《土地转包合同》第4条约定，由宝元通商行协助力铎公司到江津区德感街道办事处农业承包合同管理委员会完善土地转包登记备案确认手续。根据该约定，到江津区德感街道办事处农业承包合同管理委员会进行合同的备案登记主要系力铎公司的义务，宝元通商行只是协助。原审法庭调查时，力铎公司未提供《土地转包合同》原件，其向庭审法官陈述称"现在已找不到原件，管理合同的员工辞职了"。原一审庭审法官向江津区德感街道办事处农业承包合同管理委员会的工作人员丁某某进行调查证实，因宝元通商行单方到江津区德感街道办事处农业承包合同管理委员会要求盖章，故没有在宝元通商行提供的《土地转包合同》进行备案登记盖章。上述事实表明，力铎公司在接收了宝元通商行移交的资产并支付了小部分款项后，消极履行合同约定的完善合同登记备案的义务，致使纠纷发生时，合同约定的付款条件尚未成就，力铎公司对此具有过错。其以此为由拒绝向宝元通商行支付剩余的补偿款，违反了诚信原则，属恶意阻止约定条件成就的行为。依据《合同法》第45条第2款"当事人为自己的利益不正当地阻止条件成就的，视为条件已成就"之规定，应当视为宝元通商行与力铎公司约定的付款条件已经成就，力铎公司应当按合同约定履行义务。力铎公司以合同未经江津区德感街道办事处盖章、未向江津区德感街道办事处农业承包合同管理委员会办理登记手续，合同约定的生效条件尚未成就的理由与事实不符，于法无据。因此，原审以江津区德感街道办事处、德感街道办事处农业承包合同管理委员会未在土地法转包合同上签字盖章，也未下发确认文件为由认定力铎公司与宝元通商行签订的合同未生效，力铎公司向宝元通商行付款的条件不成就为由判决驳回宝元通商行的诉讼请求与事实不符合，适用法律错误。

综上所述，重庆市第五中级人民法院（2009）渝五中终法民字第4902号民事判决认定的基本事实缺乏证据证明，适用法律错误。

四、评析观点

本案涉及附生效条件的合同的效力问题。合同效力问题是一个基本的民法学理论问题，也是一个重要的仲裁和审判实践问题。实践中，合同效力认定往往争议很大，本案在一审、二审及再审阶段出现不同的认定就是很好的说明。因此，正确认定附生效条件的合同的效力，对于司法实践具有重要的指导意义。《合同法》第45条规定："当事人对合同的效力可以约定附条件。附生效条件的合同，自条件成就时生效。附解除条件的合同，自条件成就时失效。当事人为自己的利益不正当地阻止条件成就的，视为条件已成就；不正当地促成条件成就的，视为条件不成就。"从中可以看出，一是当事人对合同的效力可以约定附条件；二是附生效条件的合同在条件成就之前合同已经成立但尚未生效；三是附生效条件的合同，自条件成就时生效；四是当事人为自己的利益不正当地阻止条件成就的，视为条件已成就。这就要求合同当事人负有信守合同约定，不得恶意阻止条件的成就的义务，如果当事人为自己的利益不正当地阻止条件成就的，应视为条件已成就。本案中，宝元通商行和力铎公司签订的《土地转包合同》约定，由宝元通商行协助力铎公司完善土地转包登记备案确认手续，完善登记备案确认文件后生效。力铎公司是登记备案的主要义务人，宝元通商行只是协助义务。但力铎公司实际并未到江津区德感街道办事处农业承包合同管理委员会完善土地转包登记备案确认手续，是不正当地阻止登记备案这一条件成就的行为，应视为该条件已经成就，因此合同已经生效。另外，从宝元通商行已经履行合同的主要义务，力铎公司已经接受并开始履行义务的角度看，应视为双方当事人以实际履行行为变更了合同约定的生效条件，也应当认定合同已经生效。因此，对于附生效条件的合同，如果当事人为自己的利益不正当地阻止条件成就的，应视为条件已成就，应当认定合同已经生效。

本案的成功办理不但取得了良好的法律效果，还取得了良好的社会效果。再审改判维护了诚实履行合同义务的当事人宝元通商行的合法权益，为宝元通商行挽回了 200 多万元的经济损失，平息了诉讼纠纷，维护了社会和谐稳定；也体现了检察机关为非公有制企业服务的重要作用，对农村土地流转的顺利进行提供了有力的法律保障，支持了重庆市统筹城乡改革和发展，为重庆市成为统筹城乡综合配套改革试验区营造了良好的法治氛围。

五、再审结果

重庆市高级人民法院受理本案后，指令重庆市第五中级人民法院再审。2011 年 10 月 31 日，重庆市第五中级人民法院作出（2011）渝五中法民再终字第 81 号民事判决书，认为：宝元通商行与力铎公司签订《土地转包合同》，是双方主当事人的真实意思表示，不违反法律的禁止性规定，且经高坪合作社同意，合同合法有效。

关于该合同是否是征得原土地承包人同意的问题，经查：原土地承包人委托其所在集体经济组织大局合作社处理土地经营权转包事宜，大局合作社为合同甲方将土地经营权转包给宝元通商行，约定宝元通商行再次将土地经营权流转时须经甲方同意，大局合作社于 2005 年 12 月撤销，并与其他合作社合并组建为高坪合作社，高坪合作社书面同意宝元通商行将土地经营权再次流转，并在宝元通商行与力铎公司签订的《土地转包合同》上加盖公章。人民法院经审理认为：其一，按宝元通商行与大局合作社的约定，宝元通商行将土地经营权再次流转时仅须经大局合作社同意，大局合作社撤并后，其权利义务应由撤并组建的高坪合作社继受，即仅须经高坪合作社同意，无须经原土地承包人同意；其二，因原土地承包人已经授权其所在集体经济组织，高坪合作社的同意应视为原土地承包人的同意。宝元通商行提出其转包行为已经原土地承包同意的申诉意见成立，予以采纳。力铎公司提出未经原土地承包人同意的答辩意见不能成立，不予支持。

关于宝元通商行与力铎公司签订的《土地转包合同》是否生效、约定的付款条件是否成就的问题，经查：合同约定宝元通商行应协助力铎公司完善土地转包登记备案确认手续，完善登记备案确认文件后生效，登记备案后 3 日内，力铎公司支付宝元通商行补偿费 300 万元；实际情形是力铎公司未到德感街道办事处农业承包管理委员会办理完善土地转包登记备案确认手续，并将其持有的 6 份合同原件遗失，合同至今未登记备案；宝元通已经将承包土地及有关资产证明移交，力铎公司接受并已支付部分补偿费。人民法院经审理认为：合同登记备案既是双方当事人约定的合法生效条件，又是付款条件，按照合同约定，力铎公司是登记备案的主要义务人，宝元通商行只是协助义务，力铎公司未前往登记备案并将合同原件遗失，是不正当阻止登记备案这一条件成就的行为，应视为该条件已经成就；从宝元通商行已经履行合同的主要义务，力铎公司已经接受并开始履行义务的角度分析，应视为双方当事人以实际履行行为变更了合同约定的生效条件，亦应认定合同已经生效。抗诉机关提出双方当事人已经开始履行合同义务，并且互相接受了对方的履行，合同已经生效及力铎公司不正当阻止付款条件成就，应视为付款条件已经成就的抗诉意见成立，予以采纳；力铎公司提出合同无法登记备案、付款条件未成就的答辩意见不能成立，不予采纳。二审判决认定合同未生效，一审判决及二审判决认定付款条件未成就，系认定事实错误，予以纠正。

关于高坪合作社与宝元通商行之间是否解除土地承包经营权转包合

重庆市江津区宝元通百货商行诉重庆力铎农业发展有限公司土地承包经营权转让合同纠纷抗诉案

同的问题，审理认为，力铎公司未提供足够的证据证明宝元通商行已经收到高坪合作社发出的解除合同的通知；本案宝元通商行将土地承包经营权转包给力铎公司时，已经征得高坪合作社同意；在宝元通商行与力铎公司之间的合同生效后，高坪合作社解除其与宝元通商行之间的合同关系，属另外的法律关系，可另行诉讼。宝元通商行提出其未收到过原承包人解除与其签订承包合同的通知的申诉意见成立，予以采纳。一审判决认定不能确定大局合作社与宝元通商行之间的合同是否解除，本案当事人之间的合同效力待定不当，予以纠正。

综上所述，宝元通商行与力铎公司之间的合同已经生效，力铎公司向宝元通商行支付 300 万元补偿费的付款条件已经成就，力铎公司实际付款 89 万元（含 5 万元保证金），宝元通商行提出力铎公司应支付已到期补偿费 216 万元（300＋5－89＝216 万元）的诉讼请求，应予主张。力铎公司未按约定付款，已构成违约，还应按约定承担违约责任，宝元通商行提出力铎公司应支付违约金 40.5 万元（405×10％＝40.5 万元）的诉讼请求，应予支持。一审、二审判决认定事实错误，应予改判。宝元通商行在再审中放弃要求力铎公司办理合同登记备案的诉讼请求，系其依法对诉讼权利处分，不违反法律规定，予以准许。本案经本院审判委员会讨论决定，依据《合同法》第 77 条第 1 款、第 60 条第 1 款、第 45 条第 2 款、第 107 条、第 114 条第 1 款、《民事诉讼法》第 186 条第 1 款、第 153 条第 1 款第（3）项之规定，判决如下：（1）撤销重庆市第五中级人民法院（2009）渝五中法民终字第 4902 号民事判决及重庆市江津区人民法院（2009）津法民初字第 2782 号民事判决；（2）重庆力铎农业发展有限公司支付重庆市江津区宝元通百货商行补偿费 216 万元；（3）重庆力铎农业发展有限公司支付重庆市江津区宝元通百货商行违约金 40.5 万元。

（重庆市江津区人民检察院　何超）

下编　检察理论研究前沿

论量刑建议具体运作机制的构建

重庆市南川区人民检察院课题组[*]

一、量刑建议概述

（一）量刑建议的性质和定位

对于量刑建议、量刑建议权以及量刑建议制度，我国理论界至今尚无统一定义。2010 年 2 月 23 日，最高人民检察院出台的《人民检察院开展量刑建议工作的指导意见（试行）》中对"量刑建议"作了具体阐述，即"量刑建议是指人民检察院对提起公诉的被告人，依法就其适用的刑罚种类、幅度、执行方式等向人民法院提出的建议"。基于此，量刑建议制度是指有关量刑建议在实践中逐渐形成的统一规范的一套较为成熟的运作机制。根据定义，量刑建议权应该属于公诉权的一种，因此应当视为检察机关的一种权力，因为实现了检察机关对量刑环节的事前监督而具有实际意义。这种权力并不具有强制性，却对司法自由裁量权具有一定的约束力。相较于量刑建议权，量刑意

* 课题组组长：许创业，南川区人民检察院检察长。课题组成员：高一飞，西南政法大学教授，博士生导师；张静，南川区人民检察院法律政策研究室主任。

见的行使主体则更为广泛，从理论上来说不但控方可以对量刑发表意见，辩护方和被告方甚至被害方也可以发表意见，只是对于他们来说，提出量刑意见不是权力而是权利。

（二）量刑建议的诉讼价值

同其他刑事司法改革一样，量刑建议权的价值功能在于实现刑事诉讼的公正和效率目标。

1. 有利于裁量结果的公正

我国刑法中关于量刑幅度的规定过于宽泛，变相给予了单独量刑的主体即法院方以相对较大的自由裁量权。法定量刑中经常出现"三年以上十年以下有期徒刑"或者"十年以上"等较为模糊的规定，在实际操作中，必然使量刑结果出现较大的出入。早有学者就指出："当前我国的量刑，大多采用传统的经验作业法，审判人员仅靠主观估量的方法量刑，不可避免地会产生主观随意性与量刑的偶然性，会受到自己的法律意识、理论水平、业务与工作经验、个性特点以及外界干涉等主客观因素的影响。"① 因此，在我国现行的诉讼制度框架内，必须对法官刑罚自由裁量权进行合理控制，量刑建议权直接的约束目标便是法官的自由裁量权，事前对自由裁量有了一个监督，能够促使量刑结果更加公正有效。

2. 有利于实现量刑程序公开化

审判公开是现代诉讼制度的重要特征，将量刑公开化，一方面有利于促进量刑裁判的可预测性；另一方面，也可以保证普通民众对于法官裁判的侧面知情权，从而实现程序正义。检察机关行使量刑建议能有效地促进量刑公开、保障程序正义。2009 年，山东省日照市东港区法院创立三元式庭审模式，其中就包含量刑公开的程序。控、辩、审三方就量刑内容在法庭上公开质证，充分体现了量刑程序的公开透明化，而这种程序公正能够进一步促进实体的公正。

3. 有利于提高诉讼效率

在我国的司法实践中，确保实体公正一直是共识的重要目标，但是提高诉讼效率也应当引起足够重视。尤其随着社会经济的发展，刑事案件大幅度增加的社会现实基础上，提高诉讼效率的程序改革也提上日程。

---

① 陈兴良：《刑法适用总论》（下），法律出版社 2001 年版，第 339 页。

据调查，某区检察院 2008 年提起公诉刑事案件 430 件，涉及被告 675 人，而上诉率申诉率就高达 15%。而"对量刑的质疑和不服"是上诉、申诉的主要原因。我国的判决书在量刑方面释疑说理说明的缺失，使得当事人缺乏足够的"知情权"，造成不必要的误会而导致无休止的"缠诉"和"信访"行为。而量刑建议推动下的量刑公开，将使当事人知其然且知其所以然，也就会心服地接受判决，这样上诉、申诉案件就会得到减少，达到提高诉讼效率的目的。北京大学法学院教授陈瑞华说："检察官回到法庭集中发表量刑意见，一次出庭解决数起案件的量刑问题，并没有浪费司法资源。相反，在被告人认罪的案件中，解决了他们最关心的量刑问题。"① 新的庭审模式中，检察官的量刑建议发挥了很大作用。不仅有利于案件的繁简分流，提高诉讼效率，而且"将简易程序改造成量刑程序有利于被告服判息诉"，最高人民检察院理论研究所副所长谢鹏程如是说。对于同样时刻关注量刑结果的被害人来说，检察机关行使量刑建议权，促进量刑公开，同样也能减少或者消除他们对量刑不公的怀疑，减少上诉、抗诉、申诉的频率，提高诉讼效率。

4. 有利于开启刑事审判监督的新途径

在我国，刑事审判监督制度从理论上被当做对审判环节进行有效制约的制度，但是因为制度一直运作不得力，也屡屡被人诟病。法律的相关规定过于原则，不便于具体操作，特别是现实中法律赋予法院审判权的扩张所带来的检察机关监督权的无形萎缩，再加上检察机关自身的考核机制存在问题，特别是公诉机制自身的考核一直都是"重起诉、轻监督"，强调无罪判决率，重视撤诉率，变相为公诉机关自身设置枷锁，更加使检察机关对审判机关"轻于监督，不敢监督"。而量刑建议是刑事审判监督的新途径，是对刑事审判监督方式的一种完善。它将事后监督前移，直接作用于合议庭，促使法官加强自我约束，公正行事，使判决更为准确适当。如果量刑结果与量刑建议出现较大的分歧就为检察机关提请抗诉提供了一定的理由和依据。

5. 有利于检察机关规范执法办案

量刑建议的实施，进一步促进了检察官诉讼观念的转变，加强他们

① 《中国量刑程序走到关键时刻》，载《法制日报》2009 年 10 月 15 日 03 版。

对案件的审查力度，加强他们对当事人作更多的了解和关注，提高他们加强自身学习的主观能动性。行使量刑建议使检察官的办案质量进一步提高。为了使量刑建议准确，办案人员必然会更加全面地收集证据，不但收集有关案件定性的证据，对量刑情节的证据也会全面收集。此外，检察机关行使量刑建议权可以防止抗诉权的滥用。目前，我国检察机关检察机关的抗诉权更多地体现在对量刑结果的不同意见上，实行量刑建议之后对于检察机关来说，行使抗诉权就有了更具体的参照标准，减少了抗诉的随意性，因此从监督制约的角度看，量刑建议权也是对检察机关自身行使抗诉权的一种制约。因此，早有学者指出："量刑公正在很大程度上是检察机关推行量刑建议制度的旗帜和理由，而不是直接原因。换句话说，量刑建议制度最初的矛头是指向检察官的，而不是指向法官的。"[①]

二、量刑建议在实践中凸显的问题

量刑建议已成为当今检察改革中的热点问题之一。各地检察机关积极探索，使得量刑建议的实施顺利推进。但在实践中暴露出的一些问题值得深思。

（一）检察人员提出量刑建议的动力不够

经过了10多年的改革，量刑建议的合法性地位悬而未决，对量刑建议存在必要性的质疑声音并没有消失，检察系统内部也并非所有的人都对量刑建议权拍手叫好。首先，案件承办人担心的是本来定性起诉的工作量都已经很大，再加上量刑环节的考量，他们的压力会进一步加大。其次，不少公诉人对"量刑建议"的效力有质疑，因为量刑建议权并不具有强制力，法院采用不采用还是要法院说了算，如果提出量刑建议不被采用，就是无用功。还有不少检察官认为量刑建议纯粹"多此一举"、"自找麻烦"，"没有多大实质意义"。有的基层检察院对于量刑建议还只是限于书面上的认识减轻工作压力，为了不出错，只是象征性地一年拿出几个案件进行了所谓的"量刑建议"应付考核，并没有使量刑建议真正发挥它的实质作用。

通过调研，我们发现目前一些试点地方提出量刑建议的案源比较单

---

① 谢鹏程：《论量刑建议制度的意义》（下），载《检察日报》2001年8月17日03版。

一，例如主要集中在盗窃、抢劫等侵财性犯罪，未成年人犯罪案件也占据相当部分，而且这些案件很大部分都属于简易程序的案件，事实清楚、证据确实充分，换句话说，即使检察官不提量刑建议，法官只要不是故意违法一般也会那样判。在这种情况下，检察官提出一份检察建议，有的时候只是为了完成任务，自信法院必然会采纳，结果自然是提出量刑建议的检方和接受量刑建议的法院都皆大欢喜。而对于重大、疑难案件提出量刑建议的案例为数稀少，尤其在基层检察院，对于量刑建议的实践更多地是被动而为，积极探索的热情并不高涨。

（二）量刑建议的运作机制不够系统

首先，在量刑建议的实行主体方面，规定并不统一，在实践中也不够规范。有的地方仅仅限于主诉检察官，并且要经过层层审批，有的地方则因为办案量的加大，不得不默许所有的承办人都可以提出量刑建议。其次，为了追求高采纳率而提出并无实际操作意义的量刑建议。因为量刑建议可以提出幅度量刑，有的提出的幅度过于宽泛，在实践中并无操作意义。而量刑听证程序的缺失使得量刑建议仍然是"关门量刑"，不能起到启动程序量刑的重大作用。审判方对量刑建议的不够重视以及辩方对量刑意见的当然轻视使得检察机关的量刑建议成了"独角戏"而等同形式。将量刑建议纳入法庭审理模式应该是深化量刑建议改革的必由之路。

（三）审判中量刑建议的重视程度不高

多年来，"关门量刑"虽然受到质疑但并没有从程序上有所改革。传统的重结果不重过程的量刑模式强调了打击犯罪的重要性，忽视了量刑程序的公开性和透明性。传统思维中量刑权是法院一家的权力，而将量刑建议纳入庭审阶段，更引发了一些抵触情绪。量刑说理要进一步增大庭审人员的工作量，对其自身的素质和掌控现场的能力提出了更高的要求，因此，量刑程序的改革仍然是保守型的，即便检察机关提出了量刑建议也很多局限于法、检两家，而没有实现审判中量刑公开和答辩的实质性进步。

三、量刑建议具体运作机制的系统性构建

法律的生命在于适用，良好的运作机制将确保良好的运作效果。量刑建议系统性的具体运作机制需要进一步构建和完善。

（一）量刑建议的基本原则

量刑建议的基本原则是确保量刑建议准确性的根本前提。我国的量刑建议权的行使同样也要遵循这些基本原则。

1. 遵循罪责刑相适应原则

我国《刑法》第5条规定，刑罚的轻重，应当与犯罪分子所犯罪行和承担的刑事责任相适应。我国没有统一的量刑指南，量刑只是根据刑法等相关法律的规定进行。而犯罪主体的个体性差异要求量刑要体现出刑罚的个别化，特别是犯罪个体所包含的丰富的酌定量刑情节应该得到充分的考量。实践中，湖南省临武县人民检察院将被告人的审前羁押表现纳入量刑建议体现案件量刑个别化的有益尝试，值得借鉴。① 罚当其罪使量刑建议更加具有实践性。

2. 充分说理原则

这里的"理"不仅指法理，还应当包括情理。对案件的定性要求具备一定的专业化知识，很多时候体现了"法不容情"。但量刑并不一样，量刑情节的多元化考量不仅包括法定情节，还包括酌定情节。有的时候其道德素质和社会表现等也可以作为自由裁量的依据因素。因此，检察机关的量刑建议书应当尽量使用通俗易懂的语言进行充分说理。不仅要阐述法理，还要有"情理"、"伦理"等要素，使量刑建议具有充分的合法性和合理性。

3. 客观中立原则

对于检察机关来说，提出量刑建议既不是起诉权，更不是审判权，而是一种基于客观事实上的建议和意见。量刑建议既不具有终局性意义，也不具有强制性。检察机关的量刑建议与辩护方的量刑意见的效力是对等的，都只是帮助法院更加明确量刑情节进而作出客观准确的量刑。因此，检察机关提出的量刑建议也要建立在客观中立的基础上，在通过调查掌握一定的量刑事实情节和证据后才能作出刑罚考量，而不能带着主观色彩、为追求个人功利而提出量刑建议。

（二）量刑建议的提出主体

检察机关是量刑建议的提出主体。但在具体操作时，由案件承办人提出，不一定是主诉检察官。在审批上检察机关依照案件的定性起诉程序层层审批即可。

---

① 谭义斌：《量刑建议权的发展方向》，载《检察日报》2009年8月25日。

（三）量刑建议的适用范围

从理论上来说，量刑建议应该适用于所有刑事案件，只是针对不同的案件有着不同侧重的诉讼价值。对于简易程序案件，量刑建议的实施侧重于提高诉讼效率。比如前文提到的山东省日照市东港区的"一站式流水线庭审"模式就是值得深入探索的创新。5个性质不同的简易程序的刑事案件通过一次庭审解决，而量刑环节的透明又使得被告人能够服判息诉，其对诉讼资源的节约和诉讼效率的提高是显而易见的。而对于一些比较复杂疑难的普通程序案件，量刑建议的实施意义更多地在于确保量刑公正。

（四）量刑建议的行使阶段

适时提出量刑建议是量刑建议权得以有效运作的技术保障。公诉人在发表公诉意见时提出量刑建议，相对于在起诉书中列明量刑意见的做法，这种做法更加趋于灵活、实用性更强。具体操作亦有两种：一种做法是在法庭调查结束后法庭辩论开始时，在公诉意见中就定罪和量刑问题一并向法庭提出建议；另一种做法是在法庭辩论结束后被告人作最后陈述之前，发表公诉词时，提出量刑建议。而更科学合理的设置是在庭审中设置相对独立的量刑答辩程序，控、辩、审三方都可以对量刑发表意见，进行辩论。对事实清楚、证据充分并且被告人认罪的简易审理案件，公诉人可以在指控犯罪的同时明确地提出量刑建议，而对于案情复杂、被告人不认罪并且刑事辩护人为之作无罪辩护的案件，必须要解决好罪与非罪的重大分歧后才能进行量刑辩论。如果无罪辩护成功，则无须启动量刑程序；如果有罪指控成立，则启动量刑答辩程序。无论罪与非罪，控辩双方都应该在量刑答辩方面做好充分准备。

（五）量刑建议的提出幅度

为了显示量刑建议权的实际意义和价值，应当按照"将量刑幅度缩到最小"的原则，实行弹性量刑建议权。在实际操作中，可以根据被告人的具体情况提出尽可能具体的量刑建议。在一些案件中，检察机关可以提出绝对确定的量刑建议，理由只要科学充分，是完全可以被法院采纳的。

（六）量刑建议的行使形式

无论出庭与否，检察机关都应当书面提出量刑建议，并且制作单独的量刑建议书。量刑建议书应该与起诉书具有同等重要的意义。作为一种书面形式，其不仅显示了量刑建议权的庄重性和严肃性，也是对检察

论量刑建议具体运作机制的构建

167—

工作的最好记载，是对检察员辛勤工作的有力见证。案件终结后，其应当与起诉书一起备案存档。

（七）量刑建议的说理要求

让量刑意见具有说服力并且能够得到多方认可，就需要检察机关对量刑意见进行充分说理。这对公诉工作提出了更高的要求。审查一个案件，不仅需要看表面的事实证据，必要的时候还要考察嫌疑人背后的许多情况。"多问一句话，多行一步路"也许就能决定了一个被告人是被判实刑还是缓刑的量刑结果。有的时候，将类似的案件进行综合对比，也是检察机关提出高质量量刑建议的一个有效途径。实际上，在实践中，一些富有经验的公诉人有意无意都在运用着"先例判决"，他们自己所办理过的相关案件，特别是具有一定疑难性质和一定特质的案件，都是对类似案件提出量刑建议的重要参考。

（八）量刑建议的操作模式

量刑建议的具体操作可以完全按照各个院对案件审查起诉的模式进行，不需要在审查起诉阶段专门设置有关量刑的程序。

四、量刑建议机制运作的配套制度要求

要想使量刑建议进一步深化并形成比较成熟的制度体系，必须要建立并完善配套的诉讼制度和程序，如证据开示制度、辩护制度等。

（一）有效的证据开示制度是量刑建议制度构建的前提

关于证据开示（Discovery，Discloure），国外的一种解释是指"诉讼一方当事人用以从对方当事人获得与案件有关的事实和信息从而为审判作准备的审前程序和机制"。[①] 从此定义可以看出，证据开示是一种司法应用程序。刑事案件中的证据开示，简言之，就是控方与辩方各自就自己所掌握的证据信息在审判前以一定方式向对方展示。实行证据开示制度，最直接的作用就是防止了法庭审判中的"证据偷袭"。"对于中国的刑事审判制度而言，如果没有完备的证据开示制度，对抗式诉讼程序永远只能存在于书本而不是司法实践中"，[②] 而对抗式的诉讼模式是司法改革发展的必然。

---

① Hencry Compel Black：Black's law Dictionary，Fifth Edition，pp. 418 – 419，West，Publishing Co. 1979.

② 陈瑞华：《刑事诉讼的前沿问题》，中国人民大学出版社 2000 年版，第 539 页。

随着量刑建议大量的实践和越来越成熟的运作，对量刑答辩的庭审模式要求是必然的。如没有证据开示制度，在进入量刑程序之前，大量的司法资源消耗在"证据偷袭"所带来的诉讼过程中，量刑程序也就不会发挥出其本身应有的司法意义。并且，如果控方对辩方所掌握的证据信息没有足够的把握，提出的量刑意见难免盲目，难免出现"一相情愿"的尴尬结果。而辩方在取证能力相对低的情况下，更不能完全了解控方的证据信息，因此就无法对量刑建议提出有力的量刑异议，从而使量刑答辩程序流于形式。因此，在进行量刑规范化改革的同时，证据开示制度的完善也应提上日程。

（二）主诉检察官办案制度是量刑建议制度确立的基础

在实施量刑建议之前，公诉人员只要把案件准确定性就完成了任务，量刑完全是法院的事情，在判决下达之后，如果认为量刑偏差太大，则可以提起抗诉。而量刑建议的实施使得对量刑的事后监督转为事前监督，办案人员不但要对案件进行定性，还要对量刑发表意见，并且这样的量刑意见还必须具有一定的科学性合理性和参考性，因此公诉办案人员的压力将进一步增大。所以说，如果在目前的办案体制下推行量刑建议的改革，必然遇到来自检察机关内部的阻力。因此，规范办案机制、提高办案效率也成了量刑建议改革必然要解决的一个内容。如何将主诉检察官制度真正落到实处，激发公诉承办人的工作积极性、学习的主观能动性，是每一个检察院都面临的现实问题。有的地方已经进行了积极的探索，比如，天津市人民检察院实行公诉人等级制度，按照不同级别给予公诉人不同待遇；山东省济宁市人民检察院实行职业公诉人制度，将主诉检察官赋予部门副职待遇。各个地方检察机关完全可以因地制宜，探索出适合自身运作的具有激励作用、能够提高工作效率的规范办案制度。

（三）成熟的刑事辩护制度是量刑建议制度运作的动力

量刑是一项技术性、专业性较强的诉讼活动。它不仅需要具备一定法律专业知识，还需要有客观公正的判断力和成熟理性的心智。如果被告人不拥有相当的辩护力量，其所处于的弱势地位显而易见。提出量刑异议，不但需要诉讼技巧，更重要的是对案情事实的客观分析和理性判断以及对法律知识、法律理念甚至对刑事政策的系统掌握，这不是一个非法律专业人士能够做到的。实践中，相当一部分犯罪嫌疑人或被告人乃至被害人没有法律意识，甚至文盲半文盲，如果他们不能得到专业的辩护，提不出有力的辩护意见，提不出有力的量刑异议，量刑答辩的美好愿望就难以实现，量刑公正就难以保证。这样的量刑结果也缺乏信服力。因此，要想建立量刑建议良好的运作制度，进一步改革辩护制度和法律援助制度是很有必要的。

（四）有益的辩诉协商制度是量刑建议制度生长的空间

在美国，"因为有辩诉交易程序的存在，有85%—95%的有罪判决产生于辩诉交易程序，而几乎所有的辩诉交易都涉及检察官提出的或概括的或具体的量刑建议"。[①] "辩诉交易（pleabargaining，又译作答辩交易）制度是指在法院开庭审理刑事案件之前，处于控方的检察官与被告一方的律师进行会商与谈判，检察官以撤销指控、降格指控或者向法院提出减轻处罚的建议等条件，换取被告人作认罪答辩或满足控方其他条件，若交易成功达成，经法官审查并得到法官的认可而直接对被告人定罪判刑，不再开庭审理的一种司法制度。"[②] 虽然我国并没有正式认同辩诉交易制度，但我国的刑事和解制度和普通程序简化审与之有着异曲同工之处。

在实践中，对于相当部分因为事实不清证据不足而陷入诉讼困境的案件，建立符合国情的辩诉协商制度应该是一条可以尝试的道路。而对于那些被告人认罪的程序烦琐的案件，利用辩诉协商使其程序简化，提高诉讼效益，也是一条司法捷径。设立符合我国司法特点的辩诉协商程序，不但有助于解决疑难案件的积压、节约司法资源，还有助于使当事人双方解决矛盾、息诉服判，有利于社会的和谐稳定。惩罚犯罪是国家公诉的目的，但其终极价值仍然是维护社会的稳定和谐。因此，不能因为怀疑辩诉协商程序所造成司法腐败的可能性否定它可以为我所用的实用价值。其实，我国的司法实践中，相当一部分的普通程序简化审案件以及刑事和解案件、微罪不诉的案件就带有"辩诉交易"的色彩，通过刑事和解程序的案件总是能够使被告人和受害者双方都尽量减小了刑事诉讼所带来的伤害，达到了大家共同追求的政治效果、法律效果和社会效果的有机统一。

[①] 陈岚：《西方国家的量刑建议制度及其比较》，载《法学评论》2008年第1期。

[②] 吕岩、王树江、朱卫国：《辩诉交易的尝试与思考》，载陈光中主编：《辩诉交易在中国》，中国检察出版社2003年版，第52页。

新型受贿犯罪法律适用问题研究

重庆市人民检察院职务犯罪侦查局课题组[*]

近年来，一些形式翻新、对象多元、手段隐蔽的新型受贿犯罪，为司法机关办理此类案件的法律适用增加了不小的难度。2007 年 7 月 8 日，最高人民法院、最高人民检察院颁布了《关于办理受贿刑事案件适用法律若干问题的意见》（以下简称《意见》），对一些新类型的受贿犯罪作了较为明确的界定，然而《意见》仍然存在某些含糊性规定和不尽合理的条款，需要进一步探讨，不断加以完善。

一、新型受贿犯罪的基本特点

（一）犯罪主体更加多元化

如行贿方借助中间人、受托人，向其他相关人员行贿，再如，本人并不直接收受贿赂，而是利用自己的配偶、子女、情人等特定关系人收受贿赂等。

（二）犯罪故意不明显，间接故意增多

传统受贿犯罪一般为直接故意，新型受贿犯罪受托人的犯罪故意除了表现为"希望"外，还较多地体

---

* 课题组成员：肖波、王凌飞、王沾、李鹏、梁馨予。

现为"放任"，即明知收受财物的行为是或者可能是为他人谋取利益的对价，仍然放任事实发生。

（三）受贿方式多样，手段翻新

如以本人及亲属经商办企业的方式，以明显低于市场的价格购买或以明显高于市场的价格销售房屋、车辆、证券、期货、理财产品，提供干股分红等方式。

（四）受贿出现期权化现象

受贿犯罪中的期权，是指受托人在为请托人谋取利益时并不立即或在较短的时间内收受贿赂，而是约定或不明确约定在今后较长一段时间内收受贿赂。

（五）受贿对象从钱财向财产性利益转变

传统受贿的犯罪对象主要表现为金钱或贵重物品。新型贿赂犯罪对象逐渐向多种形态转变，如股份、红利、装修、旅游、会员卡等。

二、新型受贿犯罪法律适用中存在的问题

（一）交易型受贿

一是市场价格难以确定。在市场经济条件下，市场价格是一个由市场自发形成的，在客观上表现为在一定区间内浮动的价格段。二是"明显低于或高于"的标准难以把握。有观点认为，实际交易价格与市场价格产生偏差的，均应当计入受贿数额。如果绝对数量超过受贿犯罪立案标准，可判定为明显偏离市场价格。相对比例说认为，应设定交易价与市价的一定百分比差距作为判断"明显"与否的标准，如30%或20%。数额比例结合说认为，"明显"作为一种主观判断，应根据实际情况掌握。

（二）干股分红型受贿

一是股权实际是否转让难以区分。有观点认为，可以根据双方是否签订股权转让协议或其他反映真实意思表示的书面、口头协议、其他出资股东一致认可、国家工作人员是否接受出资证明书、已经按一定比例参与分红等情况来确定。[①] 但在办案实践中，国家工作人员入干股的公司或企业，可能大都不具备公司法规定的条件，很少以登记形式转让股

---

① 张铭训：《新型受贿案件法律适用若干问题研究》，载《中国刑事法杂志》2007年第6期。

份。二是股份价值难以精确计算。《意见》将计算股份价值的时间节点确定为"转让行为时"。在司法实践中，不仅有出资规范的公司也存在较多"空壳"公司提供干股，这些空壳公司转让的干股根本没有实际资金对应，也就不存在可计算受贿数额的股份价值，但仍按获得的股份比例分配红利，受贿数额的计算可能存在问题。

（三）合作投资型受贿

一是实际出资是否认定受贿。有观点认为，按照"谁出资、谁受益"的原则，垫付意味着国家工作人员作为投资方，获得收益是合理的。还有观点认为，要根据还款的性质及具体情况来确定，不能一概而论。由请托人垫付资金，国家工作人员事后归还垫资，由此获得利润，如果所获利润与其投入的资金应得回报成正比，则不构成受贿；请托人垫付资金，国家工作人员以获取"利润"归还请托人垫资的，一般应认定为受贿①。二是实际参与经营管理是否认定受贿，包括如何认定是否实际参与经营管理、是否与本人职权有关、参与到什么程度、参与经营管理应获得多少利润、是否将参与一定的经营管理。但所获利润明显过高的情况认定为受贿等。

（四）委托理财型受贿

一是对"出资应得收益"的计算。如将受托资金和其他资金存入同一账户，一并进行投资操作，有观点认为，此时应在计算账户内所有收益的基础上，按照资金投入比例区分两项资金的对应收益，由此确定国家工作人员应得收益②。这种计算方式虽然具有一定的合理性，但资金总量的频繁变化会影响其可操作性。再如，未将出资实际用于投资活动，但定期或不定期向委托人支付投资"赢利"，有观点认为，如果受托者没有进行实际投资，就背离了委托理财的宗旨，实为借贷关系，此时取得的收益如何计算，是否能够高于有关禁止性的规定，值得商榷。二是对约定保底条款的委托理财行为性质争议较大。在委托理财实践中，国家工作人员实际出资，并与受托方约定保底条款的情况比较普遍。保底

---

① 刘志远：《新型受贿犯罪司法指南与案例评析》，中国方正出版社 2007 年版，第 83—86 页。

② 谢杰、殷凯桦：《委托理财型受贿如何认定明显高于出资应得收益》，载《检察日报》2007 年 9 月 25 日第 3 版。

新型受贿犯罪法律适用问题研究

条款是委托人向受托人作出的保证本金不受损失、超额分成，保证本息最低回报、超额分成，保证本息固定回报、超额归受托人等约定的统称。从法律意义上看，它是委托方和受托方当事人之间的意思自治行为；从经济学的角度上看，它却严重违背市场经济规律和资本市场规则，现行法律禁止这种条款。但这种行为能否认定为受贿犯罪呢？有的认为应当认定，也有观点认为，如果保底条款体现了双方的意思自治，并没有掺杂权力因素，不宜将其认定为受贿。

（五）赌博型受贿

一是赌博行为和赌博型受贿行为难以区分。包括如何区分赌博行为和借赌博为名的受贿行为，如何证明贿赂双方通过赌博活动实施权钱交易，以及什么背景和场合才符合受贿罪的语境，赌博时间长短、次数多少等量化指标如何具体控制，输赢钱物属于赌博受贿案件的具体标准是什么等。二是受贿金额的认定有争议。有观点认为，如果国家工作人员与其他参赌人员都达成意思联络，则其受贿金额应为赢取钱财的数额；如果国家工作人员只与请托人达成意思联络，与其他参赌人员未有意思联络，则应当根据请托人输给国家工作人员的金额计算受贿金额。[①] 赌博输赢并非都是简单的"一对一"关系，如果仅以有意思联络的请托人输给国家工作人员的数额计算受贿金额，显然不合理。

（六）先收后还型受贿

主要是如何认定"及时退还或上交"的问题，尤其是对"及时"的具体界定，有一定的模糊性和极强的相对性。有观点认为，应明确规定一个时间界限、比如可以借鉴挪用公款罪的规定，明确规定收受财物后在 3 个月内退还的，可认定为"及时退还"。[②] 也有观点认为，可以借鉴国家机关关于在国内公务活动赠送和接受礼品的相关规定，将退还所收受财物的期限限定为 1 个月内。[③]

---

① 段明学：《新型受贿犯罪法律适用研究》，北大法宝数据库，2008 年。

② 赵秉志：《国际社会惩治商业贿赂犯罪的立法经验及借鉴》，载《华东政法学院学报》2007 年第 1 期。

③ 刘远：《商业贿赂犯罪的概念与立法》，载《华东政法学院学报》2006 年第 6 期。

（七）特定关系人收受型受贿

主要涉及"特定关系人"的范围如何把握的问题。一是"近亲属"的界定含义不同。刑事诉讼法、婚姻法以及最高人民法院的司法解释有着不同的规定。二是情妇（夫）的概念模糊。"情妇（夫）"严格来说不是一个法律概念，通常指除行为人配偶以外，与行为人长期保持不正当两性关系的人。有观点认为，这里的长期一般理解为3个月以上，偶尔发生不正当性关系的不能认定为情妇（夫），而且不必以同居为必要条件，在特殊情况下亦可以成为收受贿赂的特定关系。① 三是"其他共同利益关系人"的范围的界定困难。有观点认为，对共同利益关系人的认定不应局限于有共同经济利益关系。② 也有观点认为，共同利益关系主要是指经济利益关系，纯粹的同学、同事、战友、朋友关系应排除在外。③

（八）挂名领薪型受贿

主要是"不实际工作却获取所谓薪酬"的认定在司法实践中较难把握。鉴于工作类型千差万别，对工作时间、能力、投入程度的要求也千差万别。有的工作有固定工作时限，有的工作要求具备相应的执业资格，有的工作领取薪酬必须与业绩挂钩等。因此，要在司法实践中判断特定关系人是否"实际工作"比较困难。

（九）利用影响力受贿

主要是"关系密切的人"难以判断。"关系密切的人"是一个非常宽泛的概念，法律没有对此作进一步的明确，人与人之间关系产生的基础和条件非常复杂，从司法实践的角度看，判断二人之间是否有关系相对比较容易，但是，判断二人之间的关系是否密切在很多情况下是难以判断的。

三、新型受贿犯罪的司法认定与完善

（一）交易型受贿犯罪的司法认定与完善

一是市场价格的司法认定。司法实践认定市场价格，可以采取以下

---

① 顾若瑜：《试论"特定关系人"关系界定的重要性》，载《云南警官学院学报》2008年第4期。

② 张立海、张勇：《浅谈对"特定关系人"界定的理解》，载河南青年网2008年9月29日。

③ 薛津：《如何认定受贿案件的特定关系人》，载《天津市政法管理干部学院学报》2008年第1期。

方式：调取相关宣传资料，确定公开销售价格以及公开折扣幅度；重点查看企业内部的优惠销售记录，通过加权平均法计算内部优惠价格；查看价格主管部门计算的市场价格。

二是对"明显低于或高于"的认定。首先，交易型受贿中的"明显"应符合两个标准：第一，绝对标准——成交价与市场价之间差价数额较大。应区别一般受贿的较大数额幅度，同时考虑当地的物价水平和收入水平；第二，相对标准——成交价低于或者高于市场价的一定比例，比如10%。其次，建议采用数额和幅度的双重标准，原因是：第一，采用双重标准进行判断，可较好地区分优惠价格与明显偏离市场价格的界限、传统受贿罪中变相贿赂的象征性收费与明显偏离市场价格的界限；第二，如果只考虑绝对数额而不顾相对比例，就会在大宗物品交易中扩大打击面；反之，如果只考虑相对比例而不看绝对数额，就会与刑法规定的标准完全偏离且在非大宗物品交易中扩大打击面。司法机关在实践操作中切记应以贿赂犯罪对合关系为切入点，避免单纯从行贿角度确定明显偏离市场价格的判断标准，以合理控制打击面，体现宽严相济的刑事司法政策。

（二）干股分红型受贿犯罪的司法认定与完善

一是"股份转让行为时"的认定。按照公司法关于股份转让登记的规定可知，登记原则上并不是股份转让的生效要件，而是对抗要件；同时，刑法对转让的时间界定侧重于客观事实的认定，在实践中除了集中搜集产权交易中心办理股权过户手续的时间记录、股东名册变动的登记时间、股权转让合同生效时间、贿赂双方关于股权转让行为时间的供述等证据外，我们认为，还要注意区分上述证据使用顺序。对于登记转让的干股，只要查明具有三种凭证之一，即出资证明书、股东名册、工商登记文件就可认定为股权登记已经实现。根据公司法规定，登记转让应当注销原股东的出资证明书，向新股东签发出资证明书，并相应修改公司章程和股东名册。拥有了出资证明书，对内便拥有了股权，其他登记程序仅是对外的公示效力。因此，应以签发出资证明书的时间为转让行为时的认定时间。对于实际转让的干股，则首先以股权转让合同规定的转让时间为准；合同没有明确约定时间的，以股权转让合同生效时间为准；如果上述证据均无法查证，则以贿赂双方关于股权转让行为时间的供述为准。

二是转让股份价值的司法认定。我们认为，应当根据公司的性质确定干股的股份价值：第一，有限责任公司的股权并不能在产权市场进行交易，不存在市场价格，收受有限责任公司干股的股份价值应当以转让行为时干股所占总股份的比例乘以公司注册资本额后得出的价格计入受贿数额。第二，收受股份有限公司的干股应当以转让行为时该股份在产权交易市场的价格计入受贿数额。第三，国家工作人员收受上市公司在调整原有股本结构、股权转让、增资扩股过程中形成的干股，能够在证券市场通过交易进行变现，应当以贿赂双方转让行为时该股份在证券市场的价格计算受贿数额。

三是对收受无资本依托的公司干股价值认定。对于收受此类公司干股，应分具体情况而定：第一，收受无资本依托的公司干股，也未分红的，受贿人主观上有受贿的故意，客观上也实施了相应的收受贿赂行为，只是由于收受的干股无实际资本即没有相对应的股份价值，属于对象不能犯，应作受贿未遂处理。第二，收受无资本依托的公司干股，如果分得红利的，红利数额即为受贿数额。这类情况类似于行为人借送干股之名送红利之实，等同于普通受贿案件。第三，收受无资本依托的公司干股后，如果公司充足了资本金，则受贿数额应是干股比例与资本金之积。①

（三）合作投资型受贿犯罪的司法认定与完善

一是对实际出资的司法认定。国家工作人员是否实际出资，应根据具体情况作出相应处理：第一种情形，由请托人垫资，国家工作人员合作投资，事后通过正当途径归还了垫资，不论国家工作人员是否实际参与经营管理，都应认定国家工作人员已实际出资。在这种情况下，国家工作人员获取经营利润，且所获利润与其投入的资金应得回报基本成正比的，不构成受贿。第二种情形，由请托人垫资，国家工作人员参与经营管理活动，用利润冲抵垫款的，且所获利润与请托人帮其垫付的资金应得回报基本成正比时，应认定国家工作人员实际出资。第三种情形，国家工作人员既不参加经营管理，也没有直接出资，而是要求请托人垫

① 王玉杰：《干股受贿若干问题探讨》，载《河南司法警官职业学院学报》2009年6月。

新型受贿犯罪法律适用问题研究

付资金且事后以利润冲抵的，应认定为受贿。

二是对参与经营管理的司法认定。应注意把握以下问题：第一，要查清国家工作人员是否实施了相关的经营管理行为。这里的经营仅指正常的企业管理行为，不包括假借"经营"而利用职务之便谋取私利的行为。只要国家工作人员参与实际经营的，不管是否出资，均不宜认定为犯罪。第二，要看国家工作人员在其中是否承担了经营风险。通常要看国家工作人员所获利润与其所谓投入的资金应得回报是否符合市场一般规律，虽然公司法规定，全体股东可以约定不按出资比例分红，但过分高的利润对于国家工作人员来讲应有一定原因，如果高出部分属于为请托人谋取利益的额外酬金，且经查证属实的，应该作为受贿数额认定。

（四）委托理财型受贿犯罪司法认定与完善

一是"出资应得收益"的把握。国家工作人员实施的委托理财行为因表现为不同的民事法律关系，所应得的收益也因法律关系的不同呈现不同的范围。第一，委托代理关系。双方当事人约定委托人自己开立资金账户和股票账户，委托受托人进行投资管理，一切投资后果由委托人承担，因此全部投资收益应归委托人即国家工作人员所有，但委托行为前双方约定报酬的，应从当中相应扣除。第二，信托关系。双方当事人约定委托人直接将资金交付给受托人，由受托人以自己的名义进行投资关系。这类收益属于委托人或者其指定的受益人。未指定其他受益人的情况下，收益除约定报酬以外属于国家工作人员的"出资应得收益"。第三，合伙关系。双方当事人约定共同出资、利益共享、风险共担。这类"出资应得收益"有约定的从约定，无约定的双方协商，协商不成的按照出资比例分配。第四，民间借贷关系。双方当事人通过"保底条款"约定固定本息、超额收益归受托人所有，投资损失由受托人承担的，由于保底条款内容违法，导致整个委托理财关系因缺乏合法性基础而归于无效，实质属于借贷关系。按照《合同法》第211条与最高人民法院《关于人民法院审理借贷案件的若干意见》第6条的规定，银行同期贷款利率的4倍之内的利息才属合法。

二是对约定保底条款的委托理财行为是否认定为受贿的司法判断。第一，明确此类约定保底条款的委托理财行为是否具有普遍性。如果仅仅针对具有特殊身份的个别人，则很有可能涉嫌违规甚至犯罪，针对不特定人均可建立相应的保底委托理财关系，则未违背市场经济规律和资本市场规则，可视为正常的社会经济现象。第二，从投资规律的角度判断委托理财的真实性。正常的委托理财合同属于民事合同，投资与融资双方地位平等、意思表示真实，而以委托理财为名的受贿行为，国家工作人员通常自拟理财协议、自定回报率，投资不存在风险，交付资金的行为仅仅是隐瞒受贿实质的幌子。第三，判断获取收益是否具有职务上的关联性。在国家工作人员利用职务之便为请托人谋取利益的情况下，可以初步判断有了职务行为才有偏离一般水平的高额收益回报，牟利要件和受财要件形成基础性的对价交换与事实性的因果关系。请托人接受出资是基于国家工作人地位和职务考虑的，即能初步证明获取收益与职务行为的关联性。第四，考察收益是否明显偏高。一般参考是否高于同期银行贷款利率的 4 倍。利率高于 4 倍的收益属于受贿金额；而利率在 4 倍范围的收益则还要结合职务上的关联性、委托理财的真实性具体分析。如果是以合法形式掩盖非法的钱权交易，具有明显的利益对价交换和因果关系，仍可认定为受贿。

（五）赌博型受贿犯罪的司法认定与完善

一是一般赌博行为与以赌博名义受贿的区分原则。第一，赌博的背景、场合、时间、次数。重点查清国家工作人员的职务与请托人的利益之间有无制约关系，参与赌博者有无一定的利益诉求；参与赌博的场合，是随机的还是精心策划的；赌博的时间及次数，是经常性的，还是偶尔为之。如果国家工作人员与参赌人员有着利益上的制约关系，参赌又是请托人精心策划安排，而且是经常性的，则可能存在以赌博为名的贿赂交易。第二，赌资来源。国家工作人员参与赌博的赌资是自己出的，还是由请托人出的。如果赌资是请托人出的则很难说是正常的赌博娱乐行为，这种赌博的背后往往隐藏着受贿的性质。第三，输赢结果是否被控制。实践中先看其他赌博参与者有无事先通谋，如果参与赌博者几个人事先串通，在与国家工作人员赌博的过程中，输赢在他们的掌控之中，只输不赢，故意输钱给国家工作人员，这种情形行受贿的性质较为明显。第四，输赢钱物的金额。一般的娱乐式赌博其输赢的款项都不会太大，如果一次输赢数万元乃至数十万元的，则已经不是一般的娱乐性活动了，背后极可能隐藏着行贿受贿的性质。①

二是受贿犯罪金额的认定。应根据参与赌博的人事先有无通谋、赌博的规则等具体情况作出相应处理：第一，如果请托人与国家工作人员事先有明示或暗示的通谋，且请托人与其他参赌人员串通故意让国家工作人员赢取钱物，国家工作人员赢取的钱物应全部认定为受贿所得。第二，如果请托人与国家工作人员事先虽有通谋，但其他参赌人员并不知情，则应根据不同的赌博方式来确定受贿金额。如果赌博方式的输赢是简单的"一对一"关系，则不宜将国家工作人员赢取的全部钱物认定为受贿所得，只应将请托人故意输给国家工作人员的钱物认定为受贿所得，国家工作人员赢取的其他参赌人员的钱物应视为其赌博所得。如果赌博方式的输赢并非简单的"一对一"关系，一个赌博人员的行为会影响其他参赌人员的输赢，则应将国家工作人员赢取的全部钱物认定为受贿所得。

（六）关于先收后还型受贿对"及时退还或上交"的司法判定

一是行为人是否明确表示过不想收受财物，必须结合行为人收受财物后对财物的处理情况来判断行为人是否有不想收受财物的明确意思，明确不想收受财物的行为人，往往会在事后及时退还或上交，能够表现出"及时"的特征。二是收受和退还财物间隔时间的长短。尽管对于退还或上交财物不宜限定具体时间间隔，但间隔时间的长短无疑是反映行为人收受财物主观故意的重要因素，可以通过对间隔时间长短的判断推断其主动心态。三是客观上是否存在不能立即退还或上交的合理原因，主要弥补单纯依赖时间间隔长短来判断行为人主观上是否有收受财物故意的缺陷。

（七）特定关系人收受型受贿的司法认定与完善

一是对"近亲属"的认定原则。我们认为，对《意见》中的"近亲属"范围不应作扩大解释，只应包括直系亲属关系和拟制的亲属关系在内，其中直系亲属包括姻亲关系，且姻亲关系的认定应以婚姻法规定为基准。

二是对"情妇（夫）"的认定原则。我们认为，对"情妇（夫）"

---

① 张成法：《论赌博型受贿罪》，载《理论界》2009 年第 7 期。

的认定并不以非法同居和同居时间长短为必要要件，他们之间的特殊感情应主要从心理特征、感情程度和双方利益关系等方面把握，即使只有一两次不正当关系，但此后保持不断联系或交往的，也不能排除属情妇（夫）。此外，现代社会中同性恋已经属于一种社会现象，他们犯罪的可能性并非不存在，因此，对于此类情形应当考虑纳入司法认定的范围。

三是"其他共同利益关系人"的认定原则。我们认为，对其他共同利益关系人，更多地强调是"利益"而非"亲缘"关系，因此"共同利益关系"可以界定为：与国家工作人员主观上有收受请托人财物的故意，客观上具有不限于共同财产联系的经济利益关系的人。一般需要把握两点：第一，共同利益关系主要是指经济利益关系，纯粹的同学、同事、战友、朋友关系应排除在外，合伙人、共同投资人、经常联手的赌友均可认定为具有共同利益关系。第二，共同利益关系不仅限于共同财产关系。

（八）挂名领薪型受贿的司法认定

一是对特定关系人实际工作情况下受贿的司法认定。对于特定关系人实际参与工作，但领取的薪酬明显高于该职位正常薪酬水平的，从理论上讲，将高于正常薪酬的部分认定为受贿所得与法律规定是一致的，而且《意见》也对类似情况作出了明确规定，但应当注意的是，将特定关系人领取的高于正常薪酬的部分认定为受贿所得，要有确凿的证据证明国家工作人员利用职务便利为请托人谋利，且领取的薪酬明显高于该职位正常薪酬水平等事实，否则不宜轻易定罪处罚。

二是对"实际工作"的司法认定。一般须证明两点：第一，在工作时间上符合单位对相应职位作息纪律的要求；第二，按照单位规定履行该职位职责。

（九）利用影响力受贿的司法认定与完善

一是"与国家工作人员关系密切的人"的司法认定。我们认为，认定"与国家工作人员关系密切的人"，最主要是判断该类型的行为主体基于血缘、地域、职业、生活情感等关系，与国家工作人员之间的人际关系是否超越了一般的、普通的层面，达到了紧密的联系和影响力。这种紧密的联系可以是友好的朋友关系，也可以是中性的利益、利害关系，还可以是非基于职权而形成的控制、制约关系。具体可以包括：第一，近亲属以外的与国家工作人员关系密切的亲属；第二，与该国家工作人员有共同利益关系、利害关系的人；第三，与该国家工作人员的情妇（夫），或者其他与国家工作人员有情感依托关系的人；第四，与国家工作人员交往密切的同学、同事、校友、战友，或者曾经有过同事关系或上下级关系的人。

二是具体量刑标准的司法认定与完善。我们认为，利用影响力受贿相对一般的受贿罪而言，具有明显的间接性，起刑点也应该有一定幅度的提升。如数额较大、巨大、特别巨大的起刑点参照一般受贿罪作适当提高。"有其他较重情节"则可以考虑以下情况：第一，利用影响力受贿 3 次以上的；第二，利用影响力为 3 名以上请托人谋取不正当利益的；第三，谋取不正当利益数额在 100 万元以上的；第四，利用县级以上国家工作人员职务行为及其职权或者地位形成的便利条件为请托人谋取不正当利益的；第五，使国家或者集体利益遭受重大损失的；第六，造成其他恶劣的社会影响的。

刑罚执行监督体制的完善路径

重庆市人民检察院课题组 *

刑罚是人民法院依据法律对罪犯实行惩罚的一种最严厉的处罚措施。长期以来，人们对于刑罚的种类、适用等研究较多，但在这个过程中，却忽略了对于刑罚执行的关注。我国的刑罚执行监督制度一直处于重视不足、发展滞后的状态。无论在立法层面、司法实践还是机构设置上，刑罚执行监督制度都存在诸多问题，难以实现其应有的功能。如何解决这些问题，已成为司法体制改革的一个重要课题。

一、我国刑罚执行监督体制概述

刑罚执行监督是检察机关对刑事诉讼实施法律监督的重要组成部分，是保障刑罚正确执行、维护司法公正、维护社会稳定的重要措施。学界对于刑罚执行监督的概念界定长期存在争议。有学者认为刑罚执行监督应仅指对执行刑事裁判活动的监督，不包括对执行机关其他活动的监督。① 另一些学者却认为，执行

---

* 课题组负责人：盛宏文，法学博士生，重庆市人民检察院研究室副主任。课题组成员：谭祥文，重庆市人民检察院第四分院政治部主任；秦靖，重庆市人民检察院第一分院助理检察员；熊皓，重庆市人民检察院检察员；吴正鼎，重庆市秀山县人民检察院研究室主任；张木勇，广东省清远市人民检察院助理检察员。

① 甄贞等：《21世纪的中国检察制度研究》，法律出版社2008年版，第353页。

监督工作既有执法监督的内容，又有部分行政监督的内容，较之其他检察业务具有范围广、综合性强、涉及问题复杂的特点。① 我们认为，刑罚执行监督是指检察机关对执行已经发生法律效力的刑事判决裁定活动的合法性依法实行监督。既包括检察机关对执行机关执行刑罚的情况进行监督，又包括检察机关对于执行机关工作人员在刑罚执行过程中相关行为的监督，要将行政过程和行政执法活动纳入检察监督的范围。体制是指"国家机关、企业事业单位在机构设置、领导隶属关系和管理权限划分等方面的体系、制度、方法、形式等的总称"。② 体制是一种组织内部机构设置、职责权限和领导关系、管理方式的结构体系。它规定系统各有关部门管理权限和工作范围，是系统组成要素间的组织结构及相互关系的制度规定的总和。所谓刑罚执行监督体制，是指国家为了履行宪法规定的法律监督职能、确保刑罚执行的合法性、实现刑罚目标而建立的组织结构和制度体系的总称。它包括刑罚执行监督机构的设置、权力结构和权限划分、监督方式方法以及原则和制度体系，其中，刑罚执行监督机构设置和权责划分是重心。当前，我国的刑罚执行监督体制是在人民代表大会宪政制度基础上建立的国家专门法律监督体制的一部分，具体由检察机关按法定权限和工作方式对刑罚执行实施监督。

二、我国刑罚执行监督体制之不足

从我国现有的法律制度可以推导出检察机关执行监督是一种全方位的法律监督，然而由于刑罚执行监督观念落后、机构设置不合理、权利配置不科学，一定程度上制约了检察机关刑罚执行监督功能的发挥。

（一）刑罚执行监督观念落后

1. 重侦查、审判监督，轻执行监督

"检察机关的法律监督权，核心内容是追诉犯罪的权力，而追诉犯罪的功能最终要通过刑罚的执行来实现。对犯罪分子所判处的刑罚能否依法得到有效的执行，直接关系到检察机关追诉犯罪的目标能否实现。"③ 然而，长期以来，我国对刑罚执行的重视程度要远低于侦查、起

---

① 孙谦、刘立宪主编：《检察理论研究综述（1989—1999）》，中国检察出版社2000年版，第334页。
② 《辞海》，上海辞书出版社1999年版，第644页。
③ 张智辉：《刑罚执行监督断想》，载《人民检察》2006年第4期（下）。

诉、审判，刑罚执行监督较之于侦查监督、审判监督，其地位和作用远没有发挥出来。[1] 检察机关内部公诉与职侦是两大主流业务部门，人、财、物向这两个主流部门倾斜。加之一些监所检察人员监督意识淡薄，错误地认为刑罚执行监督是依附于刑罚执行，因此只需配合执行机关开展工作即可，致使日常监督形式化、表面化。

2. 重监禁刑执行监督，轻非监禁刑执行监督

在刑罚人道主义、行刑社会化、刑罚非监禁化与宽严相济刑事司法政策指导下，近年来我国刑罚中非监禁刑比例稳步提高，然而非监禁刑执行监督工作并没有引起足够的重视，监外罪犯脱漏管、再犯罪现象居高不下。对管制、剥夺政治权利、罚金、没收财产以及留所服刑等刑罚的执行，立法基本上处于空白状态，完全依靠行政惯性运转。这也使检察机关对非监禁刑执行的监督不力，成为刑罚执行监督体系的盲区和死角。[2]

3. 重程序性监督，轻实体性监督

与刑事审判"重实体、轻程序"的传统观念不同，传统观点认为检察监督主要是事后监督、程序性监督、被动性监督、诉讼监督。[3] 近年来，随着刑罚执行监督工作的开展，检察机关逐渐开展对刑罚执行、变更执行、终止执行的实体审查，从而发现违法、查办职务犯罪。然而，刑罚执行监督面临着人少事多、时间紧任务重、获取信息困难等问题，监所检察对刑罚执行中实体问题的监督往往有心无力。

4. 重打击犯罪监督，轻人权保护监督

司法实践中，刑罚执行监督侧重于保障刑罚报复功能的发挥，往往忽视了对公民个体权利的尊重和保护。特别是检察机关在处理与被监督者的关系时，强调与刑罚执行机关的配合，忽略制约，对刑罚适用对象

---

① 周骏如、赵鹏：《刑罚执行活动中的法律监督问题》，载《中国刑事法杂志》2009 年第 3 期。

② 石秀丽：《论我国刑罚执行监督制度》，载《国家检察官学院学报》2005 年第 4 期。

③ 陈正云：《试论我国法律监督架构及其属性》，载《人民检察》2006 年第 3 期。

则强调惩罚，忽略保护。① 执行监督中，监所检察部门容易与被监管机关站在同一阵线上，丧失监督的独立性与中立性。在监禁刑执行监督中协助监管场所搞好监管工作，重视刑罚的惩罚性功能，将工作重心放在了防止脱逃、维护监管秩序上，忽视了对罪犯的教育改造监督，对执行机关以"侦查、监管"需要为借口侵犯被监管人人权的行为视而不见，甚至帮助隐瞒。

（二）刑罚执行监督机构设置不合理

1. 监所检察职能定位不准

首先，监所多项职能定位不利于刑罚执行监督的专业化建设。根据最高人民检察院 2001 年《关于监所检察工作若干问题的规定》（以下简称 2001 年《监所检察规定》）与 2007 年《关于加强和改进监所检察工作的决定》，监所职权范围包括刑罚执行监督与行政执法（即监管活动）监督、接受控告申诉、监督办案期限，办理再犯罪的批捕、起诉、监管场所职务犯罪案件侦查等；监督的对象包括法院、公安机关、监狱、看守所、拘役所、劳教场所；监督区域既包括监内也包括监外执行。监所一个部门承担多个部门的职能，在具体工作安排上容易顾此失彼，反而弱化了监所刑罚执行监督功能。其次，检察机关作为刑罚执行监督机关，在内部刑罚执行监督权分别由公诉部门和监所部门分享。公诉部门负责死刑临场监督的普遍做法违背了"裁判员不得是运动员"的基本法理。

2. 派驻检察模式存在缺陷

我国宪法与人民检察院组织法只明确了检察机关的法律监督地位和对刑罚执行予以监督的权利，并没有规定检察机关可以向监狱、看守所派驻检察室或者检察院这种专门监督方式，现行派驻依据的是最高人民检察院在 1987 年制定的《人民检察院劳改检察工作细则（试行）》和 2001 年《监所检察规定》，这些都属于内部规定，派驻检察设置的权威性不足。

2001 年《监所检察规定》第 7 条规定了属地派驻检察模式，这种模式下区县检察院派驻检察室，检察室对内设于监所，其机构未纳入编制进行单列管理，人、财、物的配置受到制约；检察室主任是由监所检察

---

① 曲虹、邹时楠：《当前刑罚执行监督工作中的问题及解决之道》，载《人民检察》2004 年第 6 期。

科主任兼任或副主任科员担任，而监管场所被纳入了省级司法行政单独编制，属于正处级单位，作为下位监督上位监督效果自然大打折扣。在现有的派驻检察模式下，派驻检察人员主要工作地点在场所，与检察院的联系少，轮岗交流机会也不多，有的干警在此岗位上一待就是10多年，容易被监管场所"同质化"。

3. 派驻检察室、监所检察、派出检察院之间管理体制不顺

由于派驻检察室既是检察院派驻机构又是监所检察处（科）的分设机构，监所业务包含了派驻检察业务，两者存在职能交叉、互相扯皮的地方；加之，监所处（科）负责人与派驻检察室主任是同级别，无职务上的领导关系，监所对派驻检察的人员调配、工作安排、业务指导难以落到实处。一些地方人手短缺，派驻检察与监所检察"两块牌子，一套人马"，既负责监管场所内的刑罚执行监督，又要负责监外执行监督以及相关执法监管活动监督，工作上容易"顾此失彼"。派出检察院与派出它的检察院的监所检察部门同样存在职能重叠，业务指导关系也很难落到实处，相同职能"两套班子"，造成人、财、物资源的浪费，某些"两劳"派出检察院在财政和人事上或者受制于派出其的检察院或者受制于其所在地的检察院，或者处于"两不管"的境地，不利于工作的开展。

（三）刑罚执行监督权配置不足

1. 刑罚执行监督权之法律依据不完善

首先，刑罚执行监督权的制度规定效力低、过于原则、缺乏可操作性。如监管活动的好坏直接影响刑罚执行效果，然而法律对监管活动的监督基本没有涉及，这是我国立法中的盲点，"如何对监管活动进行监督完全取决于检察机关的内部规定，无形中降低了监督的法律地位和权威性"，[①] 导致监督效果不理想。加之立法上存在冲突、模糊的地方，致使检察机关依据这些制度监督时也无所适从。如1996年《刑事诉讼法》第214条规定暂予监外执行对象是有期徒刑或者拘役的罪犯，然而监狱法却将无期徒刑的罪犯纳入其中。

2. 刑罚执行监督权监督对象不完整

虽然我国刑法规定了拘役、管制、剥夺政治权利、罚金、没收财产、

---

① 申怀书、孙章贺：《如何让"纠正违法通知书"更具可行性》，载《检察日报》2007年7月1日第3版。

有期徒刑、无期徒刑、死刑（死缓）几种刑罚，但是在罚金、没收财产、剥夺政治权利、驱逐出境四种可以独立使用也可以附加使用的刑罚中，因执行主体的多样性、对主刑的依附性、执行时间的延长性、执行方式的多变性，执行主体对其投入的精力远不如主刑，检察机关开展执行监督工作中对附加刑的重视程度也很不够。对罚金、没收财产的执行监督部门、监督方式与程序均没有明确，对驱逐出境执行的监督基本没有开展，对剥夺政治权利罪犯的监督没有引起重视。[①]

3. 刑罚执行监督权内容缺失

一是无知情权与调查权。从现行立法来看，检察机关除了在任何诉讼阶段都可以行使的职务犯罪侦查权和接受申诉、控告的权力外，没有一般的调查权。知情权、调查权是实现监督目的的基础，实践中被监管机关抵触监督、害怕监督，人为制造障碍，更进一步限制了监所检察的知情权、调查权。二是执行监督中无抗诉权。1996 年刑事诉讼法在审判监督程序中赋予人民检察院对已经生效的法院裁判的抗诉权，然而在执行程序中仅赋予人民检察院对认为"不当"的裁定、决定提出"书面意见"或"通知纠正意见"的建议权，取消了对刑罚变更执行不当裁定（决定）的抗诉权，直接影响了监督的力度和效果。

4. 刑罚执行监督权缺乏程序保障

1996 年刑事诉讼法第 8 条规定"人民检察院依法对刑事诉讼实行法律监督"，第 224 条规定"人民检察院对执行机关执行刑罚的活动是否合法实行监督"，这些条款只原则性地赋予了检察机关刑罚执行监督权，但监督权如何介入、运行没有相关规定，缺乏可操作性。现行刑罚交付执行、变更执行、终止执行完全是由执行机关主导，法律并没有规定检察机关介入其中的途径与程序，没有解决监督工作中发现—调查—处置依赖的具体程序、途径、效力，监督权的发挥缺乏程序保障，难以对执行权进行有效制衡。

（四）刑罚执行监督机制运行不理想

"在刑事司法领域，就刑罚执行权而言，应包括申请执行权、交付

---

① 周骏如、赵鹏：《刑罚执行活动中的法律监督问题》，载《中国刑事法杂志》2009 年第 3 期。

执行权、执行权、变更执行权和执行终结权。"① 在运行过程中各个环节均存在不同程度的各种问题。交付执行环节表现为交付执行完全在法院、监狱、公安机关之间进行，存在交付脱节、不完整、不准确（如法律文书制作、书写存在笔误，罪犯基本情况有误等），监狱拒绝收押、看守所违规留所服刑等问题。执行监督环节表现为管场所在违规使用戒具、禁闭方面存在突出问题，监管场所维护监区秩序手段单一，派驻检察就此纠而不决。就全国范围来看，监管人员体罚虐待被监管人现象并不突出，但事故致死、自杀、被监管人殴打致死、脱逃的数字却比较高，派驻检察在监督监管场所排除安全隐患、对罪犯进行心理干涉、自杀防范、患病救治、"牢头狱霸"预防与遏制方面不力。变更执行环节表现为监管场所人为地限制、压缩监所检察权，限制派驻检察参与计分考核，对应提前送派驻检察签署意见的减刑、假释材料不送达，或者在极短时间内送达，不给派驻检察预留审核的时间。致使派驻检察对减刑、假释的检察监督落空。执行终结环节表现为对监外执行罪犯没有到期撤管，没有公开恢复监外罪犯被限制的权利等。

三、刑罚执行监督体制的完善

刑事执行监督体制的完善应以转变观念为前提，以完善刑罚执行监督机构设置为基础，以权利的配置与调整为保障，从而强化监督，促进公正、文明、廉洁执法，确保刑罚正确执行。

（一）转变观念，体现刑罚执行监督的时代特征

1. 要摆正查办犯罪与刑罚执行监督的关系。"检察机关的法律监督权，核心内容是追诉犯罪的权力，而追诉犯罪的功能最终要通过刑罚的执行来实现。对犯罪分子所判处的刑罚能否依法得到有效的执行，直接关系到检察机关追诉犯罪的目标能否实现。"② 因此，检察机关应当密切注视刑罚执行的情况，以避免公安机关、检察机关、法院千辛万苦地把犯罪分子绳之以法，而最后在刑罚执行过程中出现不了了之的状况。

2. 要树立惩罚犯罪与保障人权并重的思想。惩罚犯罪与保障人权并

---

① 赵菊、雷长彬、张倩：《刑罚执行监督的结构性缺陷及其完善》，载《人民检察》2006 年第 1 期。

② 王利荣：《刑事执行检察监督问题研究》，载《中国检察》（第 1 卷），中国检察出版社 2003 年版，第 375 页。

重，是社会主义民主法治对刑事诉讼的基本要求，也是监所检察工作必须坚持的执法理念。

3. 要转变过去重视生命、自由刑罚执行监督，轻视非监禁刑罚执行监督的观念，加强对刑罚执行活动全过程、全方位的监督。

（二）完善监所检察机构设置，为刑罚执行监督提供机构保障

鉴于当前检察机关刑罚执行监督机构设置不规范、权能配置不清晰的现状，应完善刑罚执行监督机构设置，优化权能配置。

1. 合理设置监所检察部门。原则上，为了加强刑罚执行监督，各级人民检察院均应设立监所检察部门，承担刑罚执行和监管活动监督职责；同时再根据监管场所布局和监所检察工作开展需要，在大中型监狱设置派出检察院或者派驻检察室，对于看守所、拘役所，由其所属的公安机关对应的人民检察院驻所检察。改革派出（驻）检察现行领导体制不顺的现状，采取同级派出（驻）或者提高一级派出（驻）为主的派驻模式。①

2. 合理规范派驻检察机构与派出它的人民检察院监所检察部门之间的关系。为了充分发挥两个部门各自的作用，体现《关于加强和改进监所检察工作的规定》提出的"小机关，大派驻"的宗旨，明晰其各自的职责。派出（驻）检察院（室）、驻所检察室承担监管场所（监狱、派出所）的刑罚执行监督职责，包括无期徒刑、有期徒刑、拘役等自由刑的交付执行、监管活动、变更执行、终止执行的监督；监所检察部门负责对其他刑罚执行，如对人民法院、公安机关派出所执行刑罚等监外执行活动的监督，对死刑、财产刑资格刑的监督，并履行对派出（驻）检察和下级检察监所检察工作的业务管理和指导、考核工作。由两个部门分别负责刑罚执行与监管执法活动监督，避免原来在监所同一部门下工作重点冲突带来的"厚此薄彼"，从而实现两项工作"齐头并进"；同时，按照检察人员个人能力、意愿、日常工作量重新配置，实现人员结构优化配置，从而建立起专业化的刑罚执行与监管执法监督队伍，提高监督水平与实绩。

3. 确立以监所检察部门和派出（驻）检察院（室）为主体，职务

---

① 罗亚华、郑福建：《派驻监管场所检察监督工作机制改革研究》，载《中国刑事法杂志》2009 年第 10 期。

犯罪侦查、侦查监督、公诉和控告申诉检察部门参与配合的监所检察权配置模式,对现有的刑罚执行监督职能进行重新调整和完善。一是将死刑的执行监督划归监所检察部门,公诉部门配合,确保刑罚执行监督的主体在检察机关内部得到统一。二是刑罚执行和监管活动中职务犯罪案件侦查权,由监所检察部门行使,反贪污贿赂犯罪、反渎职侵权犯罪部门予以配合。三是将监管场所普通刑事犯罪的审查逮捕权、审查起诉权交由侦查监督部门、公诉部门行使。侦监、公诉部门长期办理批捕、公诉案件,较之监所部门偶尔办理刑事案件更加具有专业性、经验性。监所检察的内容主要是刑罚执行机关及其工作人员执行刑罚和对罪犯的监管活动,其监督对象应当是刑罚执行机关及其工作人员,而不是直接监督被监管人。将批捕和起诉权从监所剥离符合监所权运行的本质特征,也是办案专业化、精细化发展的需要。

(三) 完善刑罚执行监督权利的配置,为刑罚执行监督提供制度保障

1. 明确检察机关对刑罚各个刑种、刑事执行各个环节的法律监督权及内容、程序

一是明确对财产刑的监督程序。检察机关发现没有依法交付执行、超范围执行、侵犯罪犯及其近亲属合法权益、罚没的财产没有及时上缴的,有权监督纠正。二是明确对剥夺政治权利或者附加剥夺政治权利等资格刑的监督程序,人民法院在作出裁决后应及时将法律文书送达执行机关和检察机关,接受检察机关对执行情况的监督。三是明确对缓刑的监督程序,完善监外执行交付执行、监督管理和检察监督程序,以利于强化法律监督。四是明确对交付执行的监督权。"人民法院在作出刑事判决后应及时将法律文书送达执行机关和人民检察院,同时立法应对罪犯交付执行的方式、时间、手续、费用的承担、效力和不依法交付执行的责任等作出明确规定。人民检察院对交付执行依法实行监督。"[1]

2. 强化检察机关发现违法的基础性功能,拓宽发现违法的渠道

一是建立备案审查制度。执行主体的交付执行,接收、教育改造罪犯,变更执行、终止执行等活动,应在法定期限内将有关的法律文书移

---

① 张兆松:《重构刑罚执行监督机制设想》,载《检察日报》2006 年 11 月 3 日第 3 版。

送检察机关备案审查。① 二是建立检察机关随时介入制度。为了防止因法律规定检察机关事后监督的不足，实行监督的关口前移，提高发现监督的功能，在规范现有的发现违法的途径的同时，应通过立法明确检察机关的随时介入制度。三是建立约谈和检察官接待日制度。检察人员有权随时约谈在押罪犯，了解监狱机关在执行中是否存在违法犯罪问题。检察机关每月在监狱设立检察官接待日，进行有关咨询、申诉、控告，以此确保罪犯权利得到加强，确保刑罚的正确、有效执行。四是建立监狱执法情况报告制度。监狱机关要将监狱刑罚执行活动情况尤其是涉及罪犯敏感的减刑、假释、保外就医、奖惩考核、离监探亲等情况，上报给负责本监狱监督的检察机关。对监狱在监管改造过程中发生的重大违法事件或狱内监管事故，也应随时向检察机关报告。五是建立计算机联网动态监督制度，实现同步监督、主动监督、动态监督。

3. 加强纠正违法的目的性功能，增强监督效果

一是法律应该明确检察建议和纠正违法通知书应有的法律效力。检察机关发出检察建议和违法纠正通知书后，被监督机关"必须在规定的时间内纠正违法，并将纠正情况在纠正后的 3 日内向检察机关通报。执行机关对纠正违法通知书提出的纠正意见有异议的，应当在受到纠正违法通知书的 3 日内提出不同意见。检察机关坚持纠正意见，刑事执行机关可以向提出纠正意见的检察机关的上一级检察机关提出复议，上一级检察机关应当在 5 日内作出决定，通知下级检察机关和刑事执行机关执行"。② 二是赋予检察机关对减刑、假释裁定的抗诉权，法律对于提出抗诉的期间（在收到裁定后的 20 日内进行审查提出抗诉）和裁定生效的期间（在裁定送达后检察机关没有抗诉的，刑罚变更执行的裁定生效）也要作出明确规定，避免出现检察机关对裁定提出不同意见后需要改变裁定时，当事人已经无处可寻的现象；此外，还应规定刑罚变更执行的裁定同时向检察机关和执行机关送达的制度。三是赋予检察机关对刑罚执行和监管活动中违法行为的调查权，即"检察机关在对刑罚执行活动中的违法行为进行调查时，可以要求任何机关和个人予以协助和配合，可以要求有相关证明材料的机关出具相关材料，可以要求了解情况的个

---

① 伦朝平等：《刑事诉讼监督论》，法律出版社 2007 年版，第 48 页。
② 李忠诚：《刑事执行监督功能探讨》，载《人民检察》2003 年第 2 期。

人提供相关情况"。[①] 同时，法律还应规定任何机关和个人都负有协助调查的义务以及拒不履行义务或在调查时提供虚假材料的相应责任。四是赋予检察机关提请惩戒权。检察机关在对监狱检察监督过程中，发现监狱民警在刑罚执行活动中有严重违法行为的，检察机关有权提请其所在单位或上级主管部门予以惩戒，并将结果通知检察机关。

① 甄贞、陈静：《关于强化监所检察监督若干问题的思考》，载《法学杂志》2009年第5期。

刑罚执行监督体制的完善路径

职务犯罪案件审查逮捕制度运行现状及完善

重庆市人民检察院第一分院侦查监督处"职务犯罪案件审查逮捕制度研究"课题组*

2009年5月，根据中央关于深化司法体制和工作机制改革的部署和最高人民检察院的改革方案，重庆市人民检察院作为全国第一批试行单位率先开展了职务犯罪案件审查逮捕决定权上提一级（以下简称上提一级）的试点工作。同年9月，最高人民检察院颁布了《关于省级以下人民检察院立案侦查的案件由上一级人民检察院审查决定逮捕的规定（试行）》（以下简称《规定》），全国检察系统开始全面贯彻上提一级工作。职务犯罪案件审查逮捕决定权上提一级，即人民检察院立案侦查的案件，需要逮捕犯罪嫌疑人的，报请上一级人民检察院审查决定。本文拟分析检察机关行使职务犯罪案件审查

---

　　* 课题组组长：陈胜才，重庆市人民检察院副检察长。课题组成员：田远未，重庆市荣昌县人民检察院检察长；张涛，重庆市人民检察院第一分院反渎职侵权侦查处副处长；李海燕，重庆市人民检察院第一分院公诉二处副处长；樊长丽，重庆市人民检察院第一分院侦查监督处检察员；黄鹏玮，重庆市人民检察院第一分院侦查监督处助理检察员；金光玉，重庆市人民检察院第一分院侦查监督处助理检察员。

逮捕决定权的正当性，对上提一级的运行状况、试行中出现的问题进行总结归纳，提出完善改革的具体措施，力求为我国的职务犯罪案件审查逮捕制度的完善提供积极理性的思考。

一、我国审前程序中由检察机关掌握逮捕决定权的正当性

国家权力以宪法为依据划分与配置，根据宪政体制的不同，各国国家权力的性质也有很大差别，包括检察权。在实行三权分立政治体制的国家和地区中，立法权、行政权和司法权分别由立法机关、政府和法院执掌。英美法系国家一般将检察机关定位为行政机关，大陆法系国家则认为检察机关具有"准司法机关"的性质，因此，如逮捕决定权这样重要的司法审查权还是掌握在法院手中。我国的政治体制有其独创性，检察机关在国家机构中的法律地位也就与其他国家不同。解释我国审前程序中审查逮捕制度的特殊性，就要从我国检察机关在国家权力架构中的地位及所担负的职能入手来具体分析。

我国在国家权力架构上实行的是国家权力机关之下一府两院的体制，即在统一的国家权力下，行政权、审判权和检察权相互分立。根据宪法的规定，人大是国家的权力机关，其他机关都要由同级人大产生，向同级人大负责并接受其监督。由于人大代表的非专职化，致使人大机关难以承担全面的监督职责。《宪法》第129条规定："中华人民共和国检察院是国家的法律监督机关。"因此，在我国，检察机关是专门的法律监督机关，履行法律监督职责，具有司法机关的性质。

从刑事审前程序看，法律赋予检察机关的逮捕决定权就是法律监督职能的内在要求之一。检察机关作为司法机关以法律监督地位参与审前羁押的司法审查，监督制约侦查机关（或部门）权力行使，符合我国宪政权力制约原理的。检察机关在审前程序中行使逮捕决定权具有合理性，职务犯罪案件的审查逮捕也不例外。职务犯罪案件审查逮捕上提一级改革，是检察机关在实践运行中总结经验，为确保切实履行法律监督职责所作出的自我监督和自我完善，这也是法律监督职能的内在意义之一。

二、我国职务犯罪案件审查逮捕模式的发展和选择

1978年检察机关恢复重建以来，对职务犯罪案件最先采取的是侦捕诉由检察机关一个部门承办到底的工作方式。1988年全国检察长工作会议决定把检察机关直接受理侦查的案件分由自侦、批捕、起诉三个部门办理，建立和加强检察机关内部自我约束机制。职务犯罪案件侦查、逮捕由同一检察机关不同部门办理的审查逮捕模式沿用多年，1996 年刑事诉讼法虽对此有相对具体的规定，但在实践中总体仍表现出决定逮捕权服从、服务于侦查行为的倾向。基于职务犯罪案件审查逮捕模式存在的制度缺陷，理论界和实务界对职务审查案件审查逮捕模式的选择提出了各自的观点，归纳起来主要有以下几种：

（一）备案审查模式

备案审查模式，即要求审查逮捕职务犯罪案件犯罪嫌疑人报上一级人民检察院备案，上一级人民检察院对报送的备案材料进行审查，发现错误及时纠正。这种模式其实在 2005 年 9 月《人民检察院直接受理侦查案件立案、逮捕实行备案审查的规定（试行）》下发后就早已实行，但仍是一种事后通过有限材料的书面审查，不能改变移送逮捕和决定逮捕同出一家的弊端。对于侦查机关是否违法办案、报备部门是否严格把握逮捕条件、是否存在其他影响案件定性的因素往往很难发现，作用极其有限。

（二）法院制约模式

法院制约模式，即将检察机关职务犯罪案件的逮捕权交由同级法院行使。国外大多数国家采用此种模式，但是应当注意的是，与该模式相适应的是三角形的侦查构造，即在审前的侦查程序中，也要有控、辩、审三方的参与。显然，我国并不具备此种司法体制。在我国目前的司法体制下，法院行使审查逮捕决定权，将严重影响法院的中立性，使法院更倾向于作有罪判决，这一危害远大于法院行使审查逮捕决定权所能实现的对检察权的制约价值。

（三）上提一级模式

上提一级模式，即保留检察机关的职务犯罪案件审查逮捕决定权，但改由上一级检察机关行使。在这一模式下，尽管职务犯罪案件的侦查和逮捕决定权归属同一系统，但是上下级检察机关在标准把握、价值取向上存在不一致之处，两级机关可以权力相互制衡，能有效防止"以捕代侦"现象的发生，加强对犯罪嫌疑人人权的保护。可以说，这种模式是根据我国历史条件及其演变，阶段性地作出的与时俱进的最佳制度选择。这种模式与之前职务犯罪案件由同一检察机关决定逮捕具有很强的共容性，符合我国的体制，有利于加强上级检察机关对下级检察机关的领导，推进检察工作一体化。它不需要大的机构变更，只是上一级检察机关需要补充一定的办案人员和相应的办案保障，问题解决的代价最小。

三、职务犯罪案件审查逮捕上提一级改革的实践运行状况及成效

上提一级改革加强了检察机关的内部监督，规范了职务犯罪案件报请审查逮捕的程序，增强了对犯罪嫌疑人权利的保护。《规定》颁布以来，通过两年的运行，重庆市检察系统上提一级改革取得了初步的成效。

（一）建立内部双重审查监督模式

上提一级改革了检察机关内部的办案机制，建立了上一级检察院对下级检察院的纵向法律监督，同时保留了下级检察院同级侦查监督部门的横向监督，形成多样化的监督模式。

1. 构建内部纵向法律监督模式

监督是旁观者的察看和督促，其基本的立场与事件的参与者应当截然分开，才能实行监督所应有的公正地位。[①] 上提一级实现了检察机关的纵向监督，符合社会各界对职务犯罪案件加强逮捕监督、提高办案质量的期待。首先，下一级检察院立案侦查的职务犯罪案件，交由上一级检察院审查决定逮捕可以改变"同体监督，控制不力"的尴尬局面，[②]摆脱当地财政和人事对下一级检察院的制约，排除下一级检察院检察长和检察委员会的影响；其次，上提一级模式将事后监督改为事前监督，避免了备案监督存在的滞后性的缺陷，形成上一级检察院侦查监督部门对全辖区职务犯罪审查逮捕案件直接监督的局面；最后，上提一级模式对职务犯罪案件的侦查工作监督更具有实际的纠错功能，上一级检察院对下一级具有领导职能，上一级检察院进行的监督更能够得到下一级检察院的重视。

以重庆市人民检察院某分院（以下简称某分院）为例，通过纵向法律监督，限制了逮捕权的适用，不捕率明显有所提高（见图1）。通过2007年至2011年6月某分院职务犯罪案件不捕率的对比反映出，改革实施以前，由于由同一检察院自侦自捕，某分院辖区职务犯罪案件不捕率

---

① 叶晓龙：《论检察机关自侦案件的侦查监督》，载《中国刑事法杂志》2003年第5期。

② 卓俊涛：《职务犯罪案件审查逮捕方式的改革和完善》，载《中国刑事法杂志》2009年第9期。

相对较低，侦查监督部门对同级职务犯罪侦查部门办案的监督缺乏力度。上提一级改革实施以后，纵向监督模式的效能得到凸显，职务犯罪案件不捕率得到明显提高。

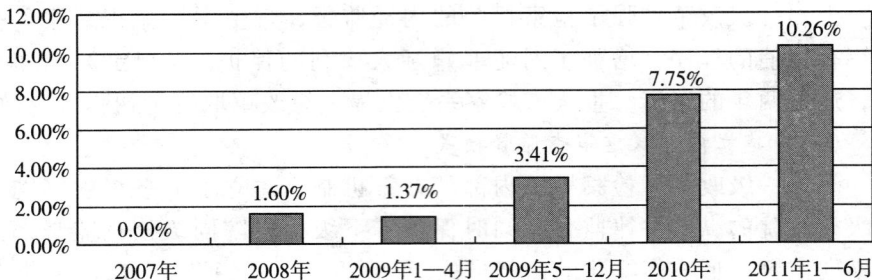

图1　某分院辖区职务犯罪案件不捕率

2. 保留同级横向监督模式

上提一级改革并不意味着削弱下级检察院侦查监督部门的审查职能。下级检察院侦查部门提请上一级检察院审查逮捕的职务犯罪案件要先经本级检察院侦查监督部门审查，报本级检察院检察长或检察委员会审批后，再交上一级检察院审查决定。此外，职务犯罪案件的立案监督、侦查活动监督等职能仍由下级检察院侦查监督部门承担。

（二）完善上下级检察机关沟通协调的工作机制

上提一级在加强监督制约的同时，也注重上下级检察机关的沟通协调，对相关工作制度予以进一步完善。

1. 监督与配合相衔接

由于上提一级对案件的质量要求更高，但是办案时限非常紧张，因此，许多工作需要上下两级院协调配合，上一级检察院侦查监督部门既要强化对下一级检察院侦查工作的监督，又要加强与其配合。下一级检察院侦查部门要自觉接受上一级检察院侦查监督部门的监督，主动配合，处理好监督和配合的衔接关系，共同促进查办职务犯罪案件工作。

2. 完善侦捕联动机制

侦查监督部门从侦捕衔接、附条件逮捕、案件讨论、沟通协调等几个具体工作层面上，完善了侦捕联动机制。在审查逮捕过程中，遇到存在较大认识分歧的重大疑难案件，上一级检察院侦查监督部门主动与下一级检察院侦查部门联系，共同分析案情，研究分歧焦点；下一级检察院侦查部门对案件定性、管辖、处理存在争议时，通过主动联系上一级检察机关侦查监督部门，保障侦查活动的顺利开展。

3. 发挥引导侦查作用

上一级检察院侦查监督部门在捕前、捕中、捕后的监督工作中，均强化引导侦查取证。同时，上一级检察院侦查监督部门利用审查逮捕辖区所有检察院职务犯罪案件的机会，实行侦捕信息资源整合，坚持总结阶段性职务犯罪的共性和先进检察院办理职务犯罪案件的工作经验，用于指导相对落后的检察院开拓侦查方向和办案方法，促进辖区全体检察院职务犯罪案件侦查工作的全面开展。如2009年，某分院侦查监督部门在审查辖区检察院提请审查逮捕的职务犯罪案件中，发现辖区1/3的基层检察院都查处了在退耕还林直补过程中涉嫌职务犯罪的案件，该院侦查监督部门与辖区尚未查处此类案件的检察院进行沟通调研，帮助其拓展了案源。

上提一级改革实施前，有种声音是担心改革会降低查办职务犯罪案件的力度，但实际则不然，以某分院辖区检察院为例（见表1），2008年与2007年相比，查办职务犯罪案件数同比下降7.33%，查办职务犯罪嫌疑人人数同比上升10.20%；2009年与2008年相比，查办职务犯罪案件数同比上升22.97%，查办职务犯罪嫌疑人人数同比上升11.57%；2010年与2009年相比，查办职务犯罪案件数同比上升6.04%，查办职务犯罪嫌疑人人数同比上升14.52%。通过表1可以看出，2007年至2010年，查办职务犯罪案件的人数逐年递增，查办职务犯罪案件的力度并未受上提一级改革的影响而有所降低。[①]

表1　某分院辖区职务犯罪案件查办数量统计（2007—2010年）

时间	2007年	2008年	2009年	2010年
查办案件数量	158件196人	148件216人	182件241人	193件276人

---

① 上提一级改革实行的2009年，我国各级检察机关共立案侦查各类职务犯罪案件32439件，同比减少了3.3%，立案侦查各类职务犯罪案件人数41531人，同比增加0.9%，虽然立案侦查的职务犯罪案件件数减少，但人数略有上升。

4. 坚持做好附条件逮捕和不捕说理工作

一方面，上一级检察院侦查监督部门审查案件后，认为证据存在瑕疵和不足、但能够补充完善的，在下一级检察院侦查部门提交侦查计划后，作出附条件逮捕的决定，同时做好捕后监督工作。另一方面，上一级检察院侦查监督部门在作出不捕决定后，认真做好不捕说理工作，对罪与非罪、证据标准、逮捕必要性等情况进行充分的说明，取得下一级检察机关侦查部门的理解和认可。

（三）保障犯罪嫌疑人的合法权益

逮捕是我国刑事诉讼中最为严厉的一种强制措施，涉及公民的人身自由权利，审查逮捕的一项重要功能就是对犯罪嫌疑人权利的保护，其主要表现在两个方面：第一，通过对侦查活动的监督制约，促使侦查活动合法进行，从而保护犯罪嫌疑人的合法权益。第二，通过对法定的逮捕条件进行严格审查，杜绝错捕，可以使国家权力对个人权利的负面影响最小化，这样也有助于保护被追诉方的人权。

1. 逮捕必要性的审查

上提一级实施前，由于侦查、批捕、起诉三部门均隶属于同一检察院，导致在职务犯罪案件审查逮捕过程中为了配合侦查部门，放宽逮捕尺度，忽略对逮捕必要性的审查。上提一级实施后，由于上一级检察院侦查监督部门地位相对中立，受下一级检察院的影响较小，因此能更客观公正地发挥侦查监督的作用。某分院侦查监督部门对辖区各基层检察院提请逮捕的职务犯罪案件作出无逮捕必要不捕的2009年2人、2010年9人、2011年1至6月7人，均高于2008年的1人。通过对2007年至2009年4月与2009年5月至2010年12月某分院辖区职务犯罪案件捕后起诉率及轻刑判决率的比较（见图2）可以得出，捕后起诉率相比上提一级实施前提高了10.17%，捕后判决轻刑率相比上提一级实施前下降了2.13%，逮捕措施的适用更加倾向合理，犯罪嫌疑人的合法权益得到进一步保障。

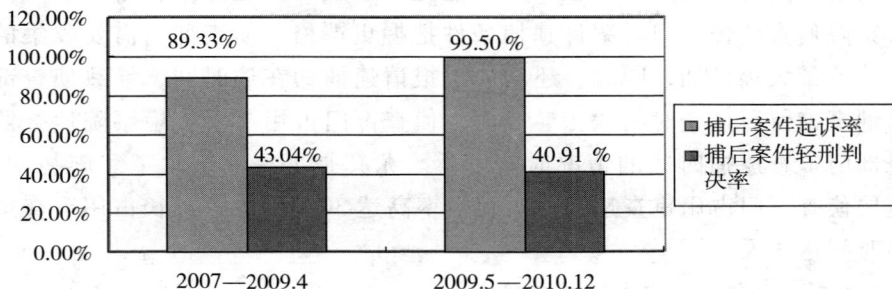

图2 某分院辖区职务犯罪案件捕后起诉率及轻刑判决率

2. 坚持每案讯问犯罪嫌疑人

讯问犯罪嫌疑人是检察机关审查逮捕阶段防止错捕的最便捷途径，有利于准确作出捕与不捕的决定。重庆市各级检察机关一直坚持每案讯问犯罪嫌疑人。以某分院为例，尽管犯罪嫌疑人异地羁押的情况较普遍，提讯路途较远，每办一件往往需要一天的提讯时间。但是，坚持面对面地讯问犯罪嫌疑人，便于了解最真实的第一手材料，更为合理地对犯罪嫌疑人的逮捕条件进行判断。

3. 同步录音录像审查

2006年3月起，检察机关逐步推行了讯问职务犯罪嫌疑人全程同步录音录像制度。上提一级改革实施后，为继续保障犯罪嫌疑人的合法权利，上一级检察院侦查监督部门在审查案件的同时，通过审查录音录像资料达到对侦查环节的监督，提高侦查监督的能力。

4. 听取律师意见

上提一级改革实施以来，检察机关侦查监督部门在审查逮捕阶段认真听取犯罪嫌疑人委托律师的意见，并将其作为案件审查的一个重要因素，有利于办案人员全面地审查案件，提高办案质量。

四、职务犯罪案件审查逮捕决定权上提一级存在的主要问题

上提一级改革加强了对职务犯罪案件侦查工作的内部监督，实践表明，推行上提一级改革取得了很大的成效，但不可否认，上提一级改革仍有其不足和亟待完善之处。

（一）侦查挤占审查逮捕办案期限

根据刑事诉讼法的规定，人民检察院对直接受理的案件中被拘留的人，认为需要逮捕的，应当在10日以内作出决定。在特殊情况下，决定逮捕的时间可以延长 1 日至 4 日。上提一级改革实施以来，由于上一级检察院侦查监督部门对案件逮捕条件把握更严格，侦查部门需要收集的证据数量大幅增加，同时，还增加了报请逮捕的在途时间，导致侦查部门刑事拘留后侦查时间紧张，因而，侦查部门占用上一级检察院侦查监督部门审查逮捕时间的情况时有发生。尤其是上提一级改革实施初期，基层侦查部门占用审查逮捕时间发生率高达 30% 以上，最长占用审查逮捕时间达 3 天。

（二）内部双重审查监督不到位

上提一级采取的是双重审查模式，但双重审查模式在具体实施过程中，受各种因素的影响，存在一些缺陷。

1. 纵向法律监督模式仍有不足

这主要表现为捕后案件缓刑率仍较高。上提一级改革实施以来，案件的质量得到大幅度提高，但轻刑判决率中缓刑判决率还处于较高的比例，制约了案件整体质量的提高。究其原因，主要是各基层院为保证案件继续侦查，往往由检察长出面对案件进行沟通协调，影响了上一级检察院侦查监督部门的中立性，在一定程度上削弱了纵向监督的力度。而逮捕后，由于证据发生变化或未能按预期步骤收集到相关证据，导致部分案件被法院判决缓刑。

2. 同级审查监督模式成效不明显

由于侦查时间紧张，侦查部门在报捕前没有时间将案件材料整理好提交给同级侦查监督部门审查，导致同级侦查监督部门只是简单地对侦查部门的报告进行核实，根据侦查部门的报告简单制作审查报告。根据 2009 年 5 月至 2011 年 6 月某分院受理审查逮捕的职务犯罪案件数据统计，76% 的案件同级侦查监督部门制作的审查报告与侦查部门的审查报告内容基本一致。这使得同级审查模式流于形式，没有起到实质上的横向监督作用。

（三）审查逮捕外延工作受阻

1. 提前介入侦查工作机制未完善

上提一级改革实施后，现行的同级侦查监督部门介入侦查的工作机制将不再适应上提一级制度，对介入侦查的时间、方式、人员、程序等方面没有规范性的操作流程，不能有效地发挥适时介入的作用。

2. 捕后跟踪监督乏力

捕后监督协调制度，包括执行回执制度、捕后变更强制措施报请批准制度和逮捕案件质量检查通报制度。上提一级改革实施以来，对前两项制度贯彻执行得较好，但由于客观条件的制约，上一级检察院侦查监督部门无法对捕后案件的执行、起诉、判决情况进行全方面的跟踪监督，案件质量情况反馈慢，应对滞后。

（四）律师介入制度执行软化

上提一级改革规定的在审查逮捕案件时可以听取犯罪嫌疑人委托的律师的意见，打破原先审查逮捕阶段的封闭状态。但实践中，该规定并没有发挥其应有的作用。一是由于办案期限短，案件数量大，案件报送和讯问犯罪嫌疑人占用在途时间，办案人员没有时间听取犯罪嫌疑人委托的律师提出的意见；二是缺乏统一的律师介入的具体操作办法，导致各个检察机关在实践中做法互不相同，不利于该制度的统一执行和规范操作。

五、职务犯罪案件审查逮捕决定权上提一级的改革完善和立法建议

上提一级改革的实施情况表明，此项改革强化了检察系统内部（尤其是对职务犯罪侦查权）的监督制约，确保了职务犯罪侦查权的规范行使，提高了职务犯罪案件的质量，保障了犯罪嫌疑人的合法权利。但是，改革中存在的不足也需要正确面对。针对上述问题，我们建议采取以下措施进行完善。

（一）完善检察机关内部双重审查模式

如前文所述，检察机关内部双重监督模式存在不足。究其原因，纵向监督模式办案人员未严格执法，使其作为监督者的中立性受到影响；而同级侦查监督部门的横向监督，该程序设计本身存在难以克服的缺陷，不符合诉讼经济原则的要求。

1. 规范检察机关内部纵向法律监督模式

一是强调检察官的客观义务。所谓检察官的客观义务，是指在刑事诉讼中，检察官不是一方当事人，而是"法律守护人"，检察官立于一种负双重等阶义务的地位，既为"不利"又为"有利"被告之事项而奔命。① 据此，要求检察官从观念上转变其"犯罪追诉者"的角色定位，而要树立"法律守护人"的观念，"毋纵"之外还要"毋冤"，"除暴"之外还要"安良"。只有办案人员首先从观念上进行转变，才能使其他制度设计真正发挥作用。二是规范执法，严格依法掌握职务犯罪案件的逮捕条件。各级检察院侦查监督部门应当克服重配合轻制约的惯性思维，严格依法掌握逮捕条件，规范执行办案程序和制度，加强对下级检察院职务犯罪侦查工作的监督制约。努力排除来自外界的干扰，保持自身应有的中立性。

2. 取消同级检察院侦查监督部门的横向监督

横向监督模式使得逮捕需要经过两级侦查监督部门的审查，工作效率低下，使办案期限更加紧张，不符合诉讼经济原则。因此，建议将"转报"改为"直报"，即下一级人民检察院立案侦查的职务犯罪案件，需要逮捕犯罪嫌疑人的，由侦查部门经本院检察长或者检察委员会批准，以本院名义报请上一级人民检察院审查决定逮捕。减少报捕工作的诉讼环节，提高诉讼效率，符合诉讼经济原则。同时，可以增强上一级检察院侦查监督部门对下级检察院职务犯罪侦查部门侦查监督的权威性、积极性、主动性。

（二）健全相关工作机制

完善的工作机制是确保上提一级改革顺利实施的基础。鉴于改革后有些工作机制不再适应实践的要求，为实现高效打击职务犯罪，保障办案质量，提高诉讼效率，应当完善相关的配套工作机制。

1. 完善提前介入侦查制度

虽然《规定》和重庆市人民检察院关于贯彻《规定》的意见对提前介入侦查制度进行了细化。但是，在介入侦查的时间、方式、人员、程序等方面，实践中仍然适用改革前的做法，导致实践中上下级检察院沟通出现障碍，影响办案效率。因此，为完善提前介入侦查制度，首先，上下两级检察院之间应当提高案件信息的快速传递能力，实现案件的高效纵向沟通，从而消除分歧，形成共识，力争将法律适用和证明标准上的分歧解决在报捕之前，既保证办案质量，又提高效率；其次，应当派

---

① 林钰雄：《检察官论》，法律出版社 2008 年版，第 23 页。

遣专人进行案件审查、跟踪督办，建立专人办案制度；最后，建议尽快对介入侦查的时间、方式、人员、程序等作出详细的规定，使提前介入侦查制度更加规范。

2. 健全捕后监督协调制度

目前，实践中上下两级检察院对于逮捕案件质量总结情况的沟通渠道不够畅通，不利于案件质量的提高。上一级检察院侦查监督部门应当及时收集整理案件的情况信息，尤其要加强对涉及案件捕与不捕、捕后撤案、捕后不诉、捕后判无罪或缓刑等情况的跟踪反馈，并且与下级检察院侦查部门定期召开职务犯罪案件总结会议，对阶段性案件总体情况进行沟通反馈，制定职务犯罪类案件证据规则，对职务犯罪案件新趋势、新手法以及办案难点问题进行交流。还要克服客观条件的制约，建立上下级检察机关职务犯罪案件网络信息平台，以利于随时掌握案件动态。

（三）细化律师介入程序规范

律师介入审查逮捕阶段有利于增强审查逮捕程序的对抗性，使检察机关在作出逮捕决定前能够听取来自犯罪嫌疑人一方的意见，有助于扫除检察机关侦查监督的盲点，是检察机关审查逮捕阶段防止错捕最便捷的途径，有利于维护犯罪嫌疑人的合法权益，保证办案质量。因此，上提一级后，有必要进一步设置律师介入审查逮捕程序提出法律意见或者提供证据的程序细则，由上一级检察院侦查监督部门的承办人员接待律师，确保对律师意见的审查，并就逮捕必要性问题与律师进行法律意见沟通，进一步保证犯罪嫌疑人不受错误或者不当逮捕。

图书在版编目（CIP）数据

检察案例与业务指导. 第 3 辑/重庆市人民检察院编. —北京：
中国检察出版社，2013.11
ISBN 978 - 7 - 5102 - 1005 - 1

Ⅰ.①检…　Ⅱ.①重…　Ⅲ.①检察机关 - 工作 - 重庆市
Ⅳ.①D926.32

中国版本图书馆 CIP 数据核字（2013）第 221322 号

检察案例与业务指导（第三辑）

重庆市人民检察院　编

出版发行：中国检察出版社

社　　址：北京市石景山区香山南路 111 号（100144）

网　　址：中国检察出版社（www.zgjccbs.com）

电　　话：（010）68682164（编辑）　68650015（发行）　68636518（门市）

经　　销：新华书店

印　　刷：三河市西华印务有限公司

开　　本：720 mm×960 mm　16 开

印　　张：14 印张

字　　数：207 千字

版　　次：2013 年 11 月第一版　　2013 年 11 月第一次印刷

书　　号：ISBN 978 - 7 - 5102 - 1005 - 1

定　　价：32.00 元